QUAL O SENTIDO DA VIDA?

EDITORA EME

Solicite nosso catálogo completo, com mais de 400 títulos, onde você encontra as melhores opções do bom livro espírita: literatura infantojuvenil, contos, obras biográficas e de autoajuda, mensagens espirituais, romances, estudos doutrinários, obras básicas de Allan Kardec, e mais os esclarecedores cursos e estudos para aplicação no centro espírita - iniciação, mediunidade, reuniões mediúnicas, oratória, desobsessão, fluidos e passes.

E caso não encontre os nossos livros na livraria de sua preferência, solicite o endereço de nosso distribuidor mais próximo de você.

Edição e distribuição

EDITORA EME

Avenida Brigadeiro Faria Lima, 1080 - Vila Fátima
CEP 13360-000 - Capivari-SP
Telefones: (19) 3491-7000 | 3491-5449
Vivo (19) 9 9983-2575 | Claro (19) 9 9317-2800
vendas@editoraeme.com.br - www.editoraeme.com.br

MARCO TULIO MICHALICK

QUAL O SENTIDO DA VIDA?

Capivari-SP | 2022

A Editora EME mantém o Centro Espírita "Mensagem de Esperança" e patrocina, junto com outras empresas, instituições de atendimento social de Capivari-SP.

1ª edição - maio/2022 - 3.000 exemplares

CAPA | Joyce Ferreira
DIAGRAMAÇÃO | Victor Benatti
REVISÃO | Izabel Camargo

Ficha catalográfica

Michalick, Marco Tulio, 1965
Qual o sentido da vida? / Marco Tulio Michalick - 1ª ed. mai. 2022 - Capivari-SP: Editora EME.
208 p.

ISBN 978-65-5543-072-1

1. Espiritismo. 2. Moral cristã. 3. Textos motivacionais.
4. Reforma íntima I. Título.

CDD 133.9

Dedico este livro ao amigo Luiz Alberto Rocha Luck (Beto), que há anos vem fazendo um trabalho de prevenção e conscientização do suicídio e do aborto, por meio de mensagens esclarecedoras, entregues em diversos lugares do Distrito Federal, pessoalmente. São mais de 400 mil mensagens distribuídas ao longo desses anos, que, com certeza, fizeram com que a vida de muitas pessoas tivesse um destino diferente e começasse a fazer sentido.

Sumário

Introdução

Viktor Frankl é o fundador da logoterapia. Ele esteve preso no campo de extermínio nazista durante a Segunda Guerra Mundial. Em seu *best-seller*, escreveu: "Não se deveria procurar um sentido abstrato da vida. Cada qual tem sua própria vocação ou missão específica que está a exigir realização. Nisso a pessoa não pode ser substituída, nem pode sua vida ser repetida. Assim, a tarefa de cada um é tão singular como a sua oportunidade específica de levá-la a cabo. (...) Quanto mais a pessoa esquecer de si mesma - dedicando-se a servir uma causa ou a amar outra pessoa -, mais humana será e mais se realizará".[1]

O sentido da vida é singular para cada pessoa e, também, para a sociedade. Como assim? Vamos explicar. Precisamos crescer e nos desenvolver intelectual e moralmente. Não para sermos melhores que os outros, mas para sermos melhores do que fomos ontem. Entretanto, o sentido da vida não está atrelado somente ao nosso crescimento individual, pois a nossa existência tem que fazer sentido na vida de outras pessoas. Por isso, um de nossos propósitos de vida precisa ser o combate ao orgulho e ao egoísmo; esses dois vícios invocam o sentido da vida somente para si, ignorando a existência de outras pessoas.

Vamos exemplificar este assunto para entendermos o sentido da vida.

A educadora Orly Wahba começou a carreira como professora de ensino fundamental no Brooklyn, em Nova York. E durante

---

1 *Em busca de sentido*, Viktor E. Frankl, Editora **Sinodal** e Editora Vozes.

quinze anos trabalhou com instituições de caridade para jovens. Em 2011 fundou o projeto *Life Vest Inside*, uma organização sem fins lucrativos cuja missão é unir o mundo por meio da gentileza. Ela é a criadora do famoso vídeo *Kindness Boomerang*, que já foi assistido por milhões de pessoas ao redor do mundo. O livro de sua autoria: *Uma gentileza por dia – 365 ações diárias para salvar o mundo (e a você mesmo)*, tornou-se *best-seller*. Vejam que o propósito de vida dela começou como professora de ensino fundamental, mas o sentido de vida é mais amplo que o propósito, e hoje ela é educadora, empreendedora, ativista, escritora e palestrante. Com foco em inspirar e motivar as pessoas a abraçar o poder da gentileza.

Nick Vujicic[2] é um evangelista e palestrante motivacional. Nascido sem pernas e braços devido a rara síndrome Tetra-amelia, ele viveu uma vida de dificuldades e privações ao longo de sua infância. No entanto, conseguiu superar essas dificuldades e, aos dezessete anos, iniciou sua própria organização sem fins lucrativos chamada *Life Without Limbs* (Vida sem Membros). Depois da escola, Vujicic frequentou a faculdade e se formou com uma bidiplomação. Deste ponto em diante, ele começou suas viagens como um palestrante motivacional e sua vida atraiu mais e mais a cobertura da mídia. Atualmente, ele dá palestras regularmente sobre vários assuntos tais como a deficiência, a esperança e o sentido da vida. Nick é casado e tem quatro filhos. Vejam que ele tinha tudo contra, mas conseguiu superar os obstáculos, assim como uma borboleta que sai do casulo, criou asas e hoje desenvolve um trabalho para que outras pessoas também o façam e busquem um sentido para suas vidas.

No Brasil, vamos dar o exemplo de Herbert José de Sousa[3] (1935-1997), conhecido como Betinho, foi um sociólogo brasileiro e ativista dos direitos humanos. Em 1991, Betinho ganhou o Prêmio Global 500, do Programa das Nações Unidas para o Meio

---

2 Pesquisa no site: <https://pt.wikipedia.org/wiki/Nick_Vujicic>.

3 Pesquisa no site: <https://www.ebiografia.com/betinho/>.

Ambiente (UNEP), por sua luta em defesa da reforma agrária e dos direitos dos indígenas. Em 1993, fundou a "Ação da Cidadania contra a Fome, a Miséria e pela Vida", que mesmo sem a ajuda do governo, arrecadava e distribuía alimentos para a população carente. Isso significa que muitos dos programas de governo existentes atualmente no Brasil foram inspirados no projeto de Betinho. Ele deixou um legado gigantesco!

Poderíamos escrever aqui diversas histórias, mas acreditamos que essas são suficientes para entendermos como funciona. O nosso sentido de vida se amplia para a coletividade. Cabe a cada um expandi-lo ou, até mesmo, optar por gozar a vida sem pensar nas consequências. Como disse Viktor Frankl: "Não se trata do que a vida faz com a pessoa, mas do que a pessoa faz com a vida".

Dante Alighieri certa vez disse: "Apenas o trabalho honrado nobilita o homem. Somente pelo trabalho o homem pode servir à família, aos amigos e à sociedade. A alma é o maior milagre do mundo".[4]

Léon Denis nos esclarece que o que importa saber antes de tudo é o que somos, de onde viemos, para onde vamos, quais são os nossos destinos. As ideias que fazemos do Universo e suas leis, do papel que cada um de nós deve exercer sobre este vasto teatro, tudo isso é de uma importância capital. É de conformidade com elas que dirigimos os nossos atos. (...) Para as coletividades, da mesma forma que para o indivíduo, a concepção do mundo e da vida é que determina os deveres; mostra o caminho a seguir, as resoluções a adotar.[5]

É um assunto amplo, mas aqui podemos ter uma ideia de como fazer a diferença na vida das pessoas e até mesmo de um mundo melhor, independentemente de onde estivermos e das nossas disponibilidades financeiras.

Neste contexto, o tempo é o nosso maior inimigo. Quanto mais rápido começarmos, melhor. Se deixarmos para amanhã aquilo

---

4 *Mensagens de sabedoria*, volume 2, Super News.

5 Pesquisa no site: <http://geja.org.br/Registro.aspx?id=20120529091752>.

que se pode construir hoje, perderemos muito tempo, apenas "apreciando a paisagem". Feliz daquele que, ao final da jornada, olha para trás, e tem o sentimento do dever cumprido, apesar de todas as dificuldades enfrentadas. É isso que faz o sentido da vida ser essencial em nossa vida.

Busquemos o nosso sentido de vida. Façamos o que precisa ser feito. Amanhã, quando estivermos "partindo", que o sentimento de gratidão percorra por nós, e que façamos valer cada segundo aqui no plano terrestre, e que, o legado que deixarmos, sirva de exemplo e motivação para outras pessoas.

Este livro tem o intuito de nos trazer uma reflexão mais ampla sobre o tema. Por isso, cada capítulo traz um conteúdo ou uma história com a qual, possivelmente, iremos nos identificar.

No último capítulo, veremos a história emocionante de Anabel. Ela tinha um sonho: tocar uma canção para Jesus em um piano na exuberante igreja destinada à elite de Glasgow, na Escócia. Algo praticamente impossível, já que a mulher morava no bairro pobre de Calton, que é considerado um dos piores lugares para se viver no mundo ocidental, onde a expectativa de vida de quem vive nesta área é de 53 anos. Esse lugar consegue bater recordes negativos de desemprego gerando problemas graves como a violência, o suicídio, as drogas, a depressão, o álcool, os maus hábitos alimentares; além de doenças diversas e graves como as cardiovasculares e a bronquite. Calton é considerado o esgoto, a escória de Glasgow. Os habitantes desse bairro não têm esperança de uma vida melhor ou mais humana. Mas, Anabel, uma mulher de muita luz, irá exemplificar para nós o sentido da vida.

Espero, sinceramente, que esta obra faça que você, leitor, encontre inspiração para que a sua vida tenha sentido e a de outras pessoas também.

Boa leitura!

Marco Tulio Michalick
marcomichalick@gmail.com

— 1 —

A próxima curva

Os prêmios da vida estão no fim de cada jornada,
não próximos do começo; não me é dado saber quantos
passos são necessários a fim de alcançar o objetivo.
O fracasso pode ainda se encontrar no milésimo passo,
mas o sucesso se esconde atrás da próxima curva
da estrada. Jamais saberei a que distância está,
a não ser que dobre a curva

OG Mandino[6]

6 *O maior vendedor do mundo*, OG Mandino, Record.

Quantas vezes nós já pensamos em desistir, ou melhor, quantas vezes nós efetivamente desistimos? E pode ser que em algumas dessas etapas poderíamos estar muito próximos do objetivo. Por isso, é fundamental que tenhamos foco, planejamento e disciplina no que pretendemos alcançar. Acreditar que o planejamento será sem erros ou equívocos é uma ilusão. No decorrer desta caminhada diversos ajustes serão necessários e, possivelmente, alguns passos para trás quando houver necessidade.

A humildade será uma virtude primordial para tomada de decisão, pois, sem ela, a arrogância, o orgulho e a vaidade podem até funcionar, naquele momento, porém, cobrará um preço muito alto pelos excessos praticados, principalmente quando o ego inflar de tal forma que a ilusão substituirá a realidade.

O fato é que ser humilde nesta trajetória é difícil, pelo grau de evolução que possuímos. A grande maioria quer os louros só para si, esquecem da gratidão àqueles que o ajudaram a chegar aonde estão. Aliás, a gratidão anda lado a lado com a humildade, sem elas, podemos até chegar ao topo, mas se manter nele é bem mais complicado.

Uma coisa é certa, um resultado eficaz depende também de seus desejos mais íntimos. Por que você deseja isso? Qual o motivo? O que fará quando atingir a meta? Se a resposta é mesquinha, sem propósito para si e para outrem, então preste atenção em seu ego, pois ele pode estar te levando para um caminho em que você não terá o equilíbrio necessário para se manter ali.

Acredito que Abraham Lincoln tenha sido um dos homens mais persistentes e, também, um dos mais derrotados da história.

Digo isso porque ele faliu em um negócio quando tinha 31 anos, foi derrotado numa eleição para o Legislativo aos 32, faliu novamente no negócio aos 34, superou a morte de sua namorada aos 35, teve um colapso nervoso aos 36, perdeu uma eleição aos 38, perdeu nas eleições para o Congresso aos 43, 46 e 48, perdeu uma disputa para o Senado aos 55, fracassou na tentativa de tornar-se vice-presidente aos 56, perdeu uma disputa senatorial aos 58, foi eleito presidente dos Estados Unidos aos 60. Lincoln foi bastante resiliente, soube aprender com as perdas e adquiriu experiência para se tornar um grande líder. Em pesquisas recentes, ele é considerado o melhor presidente dos EUA. Um de seus maiores feitos foi assinar a Proclamação da Emancipação, que aboliu a escravidão nos Estados onde esse sistema ainda vigorava.

As derrotas são experiências adquiridas para que possamos nos fortalecer a fim de passarmos para a próxima etapa. Cada obstáculo vencido nos motiva a seguir em frente e superar os que ainda estão por vir. Aprendemos mais com as derrotas do que com as vitórias!

Agora, tomemos cuidado, porque há projetos que têm tudo para dar errado e acreditamos que vai dar certo. Às vezes, estamos tão iludidos ou com tanta vontade que deem certo, que literalmente "cavamos a própria cova". É nessas horas que precisamos ter a humildade de admitir que pegamos um caminho equivocado. Voltar atrás e desistir de um projeto que está na fase inicial ou até pronto, sendo executado, mas que não prospera; pelo contrário, dá prejuízo, exige muita coragem. Talvez, o mais difícil seja admitir que errou, que vislumbrou algo que não tinha como se concretizar. Retroagir e recomeçar farão parte do nosso ciclo de vida.

E quando um ciclo se fecha, o que fazer?

Para isso, precisamos entender ou pelo menos pressentir qual é nosso propósito de vida, afinal, a estadia aqui na Terra é dividida em ciclos. O importante é compreender que quando um ciclo se fecha, não adianta querer mantê-lo aberto, não voltará mais. Outro se abre e é vida que segue, precisamos nos adaptar às novas circunstâncias porque se rebelar só atrasará o processo de crescimento moral e intelectual. Quando um ciclo se fecha e outro se abre é para o nosso desenvolvimento, hora de sair da zona de conforto e trilhar outro caminho, agora com novos obstáculos e desafios, entretanto, com mais experiência e sabedoria.

Tenho um amigo que, neste momento, está estudando para passar em um concurso público. Ele está com 55 anos, idade em que muitos estão pensando em se aposentar. Sim, é um desafio enorme. Já vai para mais de três anos que está nessa empreitada. É uma jornada longa, silenciosa, árdua, que depende 100% de quem estuda. Quantas vezes pensou em desistir? Algumas vezes, mas intimamente ele sente que este é o seu novo ciclo de vida profissional. A sua prova estava marcada para março de 2020, no entanto, com a pandemia, o concurso foi suspenso temporariamente. Como ele ficou? Triste, desmotivado por alguns dias, porém, agradecido a Deus pela oportunidade de ter mais tempo para estudar. Assim é a vida, você pode reclamar, desistir, ou seguir em frente, com gratidão.

Portanto, nos é dado a oportunidade de semear diariamente, aliás, a semeadura não é obrigatória, mas a colheita sim, então, se nada semeamos, nada temos a colher.

Assim, não nos é dado saber quantos passos são necessários a fim de alcançarmos o objetivo. O fracasso pode ainda se encontrar no milésimo passo, mas o sucesso se esconde atrás da próxima curva da estrada. Jamais saberemos a que distância estamos, a não ser que dobremos a curva.

Dessa forma, podemos seguir em frente semeando os nossos projetos com serenidade, humildade e pensando na coletividade, ou, podemos desistir por aqui. A decisão que será tomada hoje, refletirá inevitavelmente no futuro, por isso, a necessidade de tomarmos decisões sábias para não nos arrependermos mais tarde.

E aí, o que você decide?

O que diz o espiritismo?

Pelos contatos da profissão cria o homem vasta escola de trabalho, construindo a dignidade humana; contudo, pela abnegação emite reflexos da beleza divina, descerrando trilhos novos para o Reino Celestial.

A profissão honestamente exercida, embora em regime de retribuição, inclina os semelhantes para o culto ao dever.

A abnegação, que é o sacrifício pela felicidade alheia, sublima o espírito.[7]

7 *Pensamento e vida*, psicografia de Chico Xavier, pelo espírito Emmanuel, FEB.

– 2 –

O vazio existencial

O segredo do sucesso é conquistar aquilo
que o dinheiro não pode comprar.

Augusto Cury[8]

8 *O vendedor de sonhos,* Augusto Cury, Planeta.

Qual o segredo do sucesso? Ou melhor, qual o preço da felicidade?

A grande maioria das pessoas acredita que atingindo o sucesso profissional, vão alcançar a felicidade. Mas isso é um ledo engano. O ser humano nunca está satisfeito com o que tem, por isso, quando atinge um objetivo quer voos ainda mais altos. E como o dito popular: quanto mais alto o voo, maior a queda.

Alguns livros tentam ensinar o caminho do sucesso como se fosse uma receita de bolo. Para essa trajetória não existe uma fórmula. Nós podemos até nos inspirar em alguém, usar estratégias similares, contudo, cada conquista é única, singular, especial. A energia que ali foi empregada não há igual, assim como a água do rio que passa, e jamais retornará ao mesmo ponto de partida.

E por que tantas pessoas ao atingirem o objetivo, seja profissional, pessoal, social e até religioso, sentem um vazio existencial? Porque a transformação é de dentro para fora, e não o contrário. Se não estivermos bem interiormente, nada vai nos satisfazer na vida. Por isso, pessoas anônimas e de vida simples, podem ser muito mais felizes do que as que estão em situação de bonança, por ser uma questão de reforma íntima.

O escritor José Carlos De Lucca nos explica que quando nada muda por fora é porque algo precisa mudar primeiramente por dentro, em nós mesmos! A situação dolorosa não se modifica, porque seu fim é nos modificar. Se não mudamos por dentro, nada muda por fora.[9]

---

9 *Dentro de mim*, José Carlos De Lucca, InterVidas.

É muito importante que encontremos a paz interior, através da meditação, da oração, do silêncio, da consciência em fazer a coisa certa e justa. Toda vez que buscamos o caminho leviano, iludidos pelas facilidades, iremos, inevitavelmente, sucumbir moralmente.

Joanna de Ângelis esclarece que há um grande vazio existencial na criatura contemporânea, que perdeu o referencial da felicidade, manipulada pela habilidade dos vendedores bem-sucedidos do prazer entorpecente e dos gozos exaustivos.[10]

Não nos devemos iludir com a "felicidade alheia", não sabemos realmente o que se passa na intimidade do outro, olhamos apenas superficialmente, o exterior, provavelmente; trata-se de um "vendedor de sonhos", que não encontrou a paz interior, não desenvolveu o "eu superior".

A paz interior também é conquistada com aquilo que o dinheiro não pode comprar, lembrem-se sempre disso.

O vazio existencial é o culto ao externo. É "a ausência dos sentimentos de nobreza, particularmente do amor, impulsiona o comércio da futilidade e do ilusório, realizando-se a criatura enganosamente nos objetos e utensílios de grife, que lhe faculta o exibicionismo e a provocação da inveja dos menos favorecidos, disputando-se no campeonato da insensatez", escreve Joanna de Ângelis.[11]

Infelizmente, o consumismo e as "aparências" ainda são mais importantes para uma grande parcela da população do que a reforma íntima, que é segura e potencializa o nosso crescimento espiritual.

---

10 *Entrega-te a Deus*, psicografia de Divaldo Pereira Franco, pelo espírito Joanna de Ângelis, InterVidas.

11 *Atitudes renovadas*, psicografia de Divaldo Pereira Franco, pelo espírito Joanna de Ângelis, Leal.

Neste contexto, o vazio existencial é suprido pelo trabalho assistencial, ou seja, a dádiva de servir ao invés de ser servido. E isso não tem nada de novo. Jesus já pregava há mais de 2.000 anos: "Quem quiser tornar-se grande entre vós, será esse o que vos sirva, e quem quiser ser o primeiro entre vós, será vosso servo."[12]

O Cristo nos ensinou e exemplificou, deixou um legado imensurável. Ainda estamos muito longe da perfeição dele, mas, pelo menos, temos um "manual" a seguir, que é o seu Evangelho de amor.

Então, não vamos deixar que a depressão, a tristeza, a ansiedade descontrolada ou a tendência ao suicídio tomem conta de nosso ser. Somos a essência do Pai. Temos como guia o Cristo. Há um caminho de luz a ser trilhado onde o Mestre está à frente, nos dando o suporte necessário para superarmos todos os obstáculos.

E o que é mais belo nisso tudo: não dependemos de posses para sermos felizes, afinal, essa conquista é interior, depende de abrirmos nosso coração a Deus, emanar bons pensamentos e mantermos uma conexão sincera pela oração.

Portanto, busque a transformação interior. Desenvolva seus potenciais. E ajude a quem precisar. Esse é um caminho para preencher o vazio existencial.

---

12 *Bíblia*, Mateus, 20:26-27.

O que diz o espiritismo?

Onde estiveres, faze claridade em ti mesmo, para que a treva desça de nível.

Só a luz desintegrará na Terra as cristalizações da sombra, em que a ignorância e a penúria tecem ninho à inquietação e ao sofrimento.

Não te encarceres, porém, na feição unilateral do grande problema.

Educação, em boa síntese, é luz que circula vitoriosa do sentimento ao raciocínio, sustentando o equilíbrio entre o cérebro e o coração.[13]

13 *Instrumentos do tempo,* psicografia de Chico Xavier, pelo espírito Emmanuel, GEEM.

– 3 –

Jogo é jogo, treino é treino

A vontade de se preparar precisa ser maior que a vontade de vencer.

Bob Knight[14]

14 *Transformando suor em lágrimas*, Bernardinho, Sextante.

A frase de Bob Knight ficou conhecida através de Bernardinho - ex-técnico da seleção brasileira de vôlei. Bernardinho treinou a seleção com excelência e conquistou muitas medalhas.

Agora, quantos de nós se prepara com afinco para a vida profissional? Uma certa parcela da população, seria a resposta. Mas a verdade é que poucos se preparam de forma plena para a vida espiritual, ou melhor, para efetivamente trabalhar na Seara do Cristo.

Quando o assunto é praticar a caridade ou abraçar um trabalho assistencial, então, a conversa muda de figura, e muitos dizem não ter tempo neste momento, mas, no futuro... E por aí vai o leque de desculpas para se iludir e manter-se em busca da vida material.

A nossa vida não é um jogo, mas se preparássemos como o fazemos para assistir a um jogo de futebol ou até mesmo para jogá-lo, ou praticar qualquer outro esporte; com certeza, seríamos pessoas melhores do que somos atualmente.

Na realidade, ser um religioso não quer dizer muita coisa. O que realmente importa são suas verdadeiras obras, sem segundas intenções. É por isso que o trabalho anônimo, sem alarde, é primordial para o crescimento espiritual. Ninguém precisa saber o que você faz, não precisa pregar aos quatro cantos ou divulgar em redes sociais. O trabalho precisa ser em silêncio, sem público e muito menos audiência. Como escreveu Emmanuel: "Auxilia-o hoje mesmo, sem humilhar e ferir, de vez que a verdadeira caridade, tanto quanto possível, é tratamento indolor da necessidade humana. Os emissários do Cristo curam os nossos males em divino silêncio. Diante dos outros, procedamos nós igualmente assim".[15]

Logo, algumas pessoas não se sentem motivadas ao trabalho assistencial ou quando o fazem precisam dar "publicidade" como se um evento fosse.

Precisamos entender que temos um propósito de vida, e o sentido da vida é muito maior do que a nossa vida em si.

Quanto melhor nos prepararmos para o trabalho assistencial, para compreender as Leis de Deus, fazermos uma reforma íntima e moral, mais estaremos aptos a seguir em frente rumo ao crescimento espiritual.

Vamos a uma analogia para refletirmos. Quando estamos trabalhando, buscando os bens materiais, temos o hábito - pelo menos alguns - de poupar. Isso faz com que nos precavemos em uma situação de crise, no qual a reserva nos trará uma certa segurança para superar aquele momento. Mas, em regra, não temos o hábito de nos prepararmos emocionalmente para uma crise existencial, para o tratamento de uma enfermidade, a perda de um ente querido, de um relacionamento amoroso ou de um emprego. Quando dizemos sobre nos prepararmos emocionalmente é buscar o equilíbrio necessário para enfrentar essas adversidades com serenidade, humildade e resignação.

E isso não se dá da noite para o dia. Exige muita disciplina e determinação na construção de valores cristãos, no desenvolvimento espiritual e moral para entendermos o que Deus está querendo nos dizer com aquele problema, como devemos proceder para superá-lo. Ou seja, exige uma preparação íntima, profunda e que pode levar longos bons anos, talvez uma encarnação inteira. Mas, sem essa preparação, não aguentaremos os vendavais e tempestades que com certeza virão, por diversas vezes, durante a nossa existência. E essa preparação não é só para os momentos difíceis, ela nos dará a

---

15 *Levantar e seguir*, psicografia de Chico Xavier, pelo espírito Emmanuel, GEEM.

serenidade e humildade necessárias para os momentos de bonança, afinal, entenderemos que tudo passa, e isso também passará.

É importante preparar desde cedo nossas crianças neste labor cristão, assim, quando se tornarem adultos, terão seus valores e crenças construídos em uma rocha, e não na areia.

Eu penso que o nosso esforço é muito menor do que foi o do Cristo - um espírito elevado, estirpe de luz - que teve que encarnar neste planeta de camadas grosseiras. Se hoje já é difícil, imaginem naquela época. A preparação de Jesus foi intensa e levou algum tempo.

Jogo é jogo, treino é treino. Eu me lembro de Bernardinho dizendo em seu livro que quanto mais forçava nos treinamentos, mais fácil o jogo se tornava. Assim também é na vida.

Então, vamos nos preparar de forma plena e digna. Ela é diária, todos os dias estamos aprendendo, reaprendendo, construindo, reconstruindo, mas não podemos desistir. Quanto melhor nos prepararmos, mais teremos uma encarnação proveitosa e consistente. E a preparação já começou muito antes no plano espiritual, tem sequência aqui na Terra, é um processo contínuo.

Que Deus nos abençoe nesta trajetória e que possamos vencer mais esta etapa da vida.

O que diz o espiritismo?

Tenhamos paciência e calma, bom ânimo e fé, e, assim como usamos medicamentos em doses certas e nas ocasiões certas, a fim de que o desequilíbrio do corpo desapareça em favor da saúde, adotemos comportamento análogo, mobilizando palavras de paz, amor e bênção ante as dificuldades da alma, para que se nos refaça a harmonia espiritual.[16]

16 *Mais luz*, psicografia de Chico Xavier, pelo espírito Batuíra, GEEM.

– 4 –

Em meio ao caos

A regra de ouro significa, substancialmente, fazer aos outros apenas aquilo que desejaríamos que os outros nos fizessem, se estivessem em nossa situação.
Mas por quê? Qual o motivo real para tão bondosa consideração para com os outros? A razão verdadeira é a seguinte: Há uma lei eterna por meio da qual colhemos sempre o que semeamos.

Napoleon Hill[17]

17 *A lei do triunfo*, Napoleon Hill, José Olympio Editora.

Vocês já notaram que há pessoas que se comprazem em viver em meio ao caos? Normalmente são pessoas arrogantes, egoístas, soberbas, preconceituosas, orgulhosas, vaidosas, egocêntricas e mal-intencionadas.

Neste momento em que escrevemos este texto, o Brasil está para se tornar o epicentro da pandemia, inclusive, minha filha, Ana Paula, que trabalha na linha de frente como enfermeira, está em isolamento, pois foi contaminada pela Covid-19.

Em meio ao caos, vemos pessoas inescrupulosas espalhando *fake news*, com intenções diversas, entre elas, a desinformação. As mortes estão se acumulando tragicamente, e esses indivíduos insistem em divulgar inverdades como, por exemplo, que um remédio que não tem comprovação científica pode ser usado para o tratamento do coronavírus. Além de tudo isso, ainda temos uma das piores crises políticas, desmatamento histórico na Amazônia e corrupção desenfreada. A ideia de quem se compraz com o caos é a de que quanto pior, melhor.

São irmãos que, por algum motivo, estão com suas vidas frustradas, moralmente falidas, e a forma de responder ao mundo é pela crueldade. E olha que muitos deles disseminam o ódio e a violência e, ainda, se dizem; publicamente, seguidores de Jesus.

Tudo o que não for real, passará. Apenas os valores constitutivos da verdadeira propriedade - a espiritual - resistirão, posto que permanente. Espantamo-nos perante atrocidades, crueldades, irresponsabilidades decorrentes da imaturidade espiritual ou da maldade temporária que domina, iludindo boa parcela da

Humanidade terrestre. Todavia, não nos cabe o desalento, pois há muito o que fazer, notadamente no período de transição, em que todos somos convidados e convocados a doar o melhor de nós, realizando o que estiver ao nosso alcance, como a nossa quota de colaboração para as mudanças inadiáveis - escreveu Geraldo Campetti Sobrinho.[18]

O escritor Napoleon Hill é considerado um dos primeiros autores de autoajuda de sucesso, com milhões de livros vendidos. Quando ele escreveu a regra de ouro, replicou o que Jesus já havia ensinado: "Fazei aos homens o que gostaríeis que eles vos fizessem, pois é nisto que consistem a lei e os profetas".[19] E, também, a lei de causa e efeito, em que todo o bem ou o mal que fizermos, inevitavelmente, retornará para nós. Por isso, a necessidade de praticarmos cada vez mais o bem porque a Justiça Divina não falha. Com isso, podemos também entender que no Universo tudo está interligado em uma sequência de ações que desencadeiam reações de igual intensidade. Sendo assim, não existe o acaso, mas, sim, uma causa justa que acontece naturalmente - ação e reação.

Emmanuel nos esclarece que: "Nunca prejudicarás a alguém sem prejudicar-te. Nunca beneficiarás a essa ou aquela pessoa sem beneficiar a ti mesmo. Através de nossas ações, sobre os outros, traçamos o próprio caminho. Os companheiros de nossa estrada são fragmentos de que se nos constituirá o próprio futuro. Esses apontamentos pertencem à Lei".[20]

Então, estes nossos irmãos que ainda se comprazem com o caos, ainda não encontraram o sentido da vida, ou, se encontraram, não estão motivados à mudança, ao crescimento espiritual que é inerente a cada um de nós.

---

18 Pesquisa no site: <https://www.febnet.org.br/blog/geral/o-que-e-esta-acontecendo-no-mundo/>.

19 *Bíblia*, Mateus, 7:12.

20 *Pronto-Socorro*, psicografia de Chico Xavier, pelo espírito Emmanuel, CEU.

Não temos tempo a perder em retribuir o mal com o mal. Fomos criados à semelhança de Deus, contudo, temos ainda muito a percorrer para conquistar a evolução que almejamos.

Vigiemos nossos pensamentos, pois eles irão atrair o que efetivamente pensarmos. Orai e vigiai ainda é o melhor remédio para o combate ao caos e àqueles que se comprazem com a instabilidade. É pela oração que emanamos e recebemos as melhores vibrações, fortalecendo-nos espiritualmente para superar as desarmonias e os desequilíbrios terrestres.

Sigamos em frente convictos de que haverá uma época em que não iremos mais conviver com o caos, porque viveremos em um mundo de regeneração.

Gostaria de terminar este texto com uma mensagem do escritor José Carlos De Lucca que diz:

> O amor é o sentimento que nos liga a tudo e a todos, e somente a partir de sua prática é que nossa vida se torna feliz. O amor é o melhor de nós. É por meio dele que nos tornamos uma pessoa cativante, dócil, carinhosa, gentil, alegre, corajosa e disposta a ser útil a quem precise. Tais virtudes têm um impacto incrivelmente positivo em nossa vida, pois isso é o que as pessoas mais esperam de nós. Nenhum bem material será capaz de despertar tantas coisas boas nas pessoas como o amor que formos capazes de oferecer a elas. Somente o amor é a ponte que nos une a Deus, ao próximo e a nós mesmos. Sem amor, vivemos distantes de Deus, distante do nosso semelhante e, pior do que isso, distante de nós mesmos. A falta de amor é um corte nessa ligação divina com tudo e com todos.[21]

E aí, vamos praticar mais amor e menos caos?

---

21 *Alguém me tocou*, José Carlos De Lucca, Intelítera.

O que diz o espiritismo?

Temos muito a dever aos amigos pelos estímulos com que nos asseguram êxito na vida, mas não podemos esquecer que devemos bastante aos nossos inimigos pelas oportunidades que nos proporcionam no sentido de retificarmos os próprios erros.[22]

22 *Bênção da paz*, psicografia de Chico Xavier, pelo espírito Emmanuel, GEEM.

– 5 –

Vitória de Pirro

Conhece-te a ti mesmo.

Sócrates

Vitória de Pirro ou vitória pírrica é uma expressão utilizada para se referir a uma vitória obtida a alto preço, potencialmente acarretadora de prejuízos irreparáveis.

A expressão recebeu o nome do rei Pirro do Epiro, cujo exército havia sofrido perdas irreparáveis após derrotar os romanos na Batalha de Heracleia, em 280 a.C., e na Batalha de Ásculo, em 279 a.C., durante a Guerra Pírrica.

Após a segunda batalha, Plutarco apresenta um relato feito por Dioniso de Halicarnasso:

> Os exércitos se separaram; e, diz-se, Pirro teria respondido a um indivíduo que lhe demonstrou alegria pela vitória que "uma outra vitória como essa o arruinaria completamente". Pois ele havia perdido uma parte enorme das forças que trouxera consigo, e quase todos os seus amigos íntimos e principais comandantes; não havia outros homens para formar novos recrutas, e encontrou seus aliados na Itália recuando. Por outro lado, como que numa fonte constantemente fluindo para fora da cidade, o acampamento romano era preenchido rápida e abundantemente por novos recrutas, todos sem deixar sua coragem ser abatida pela perda que sofreram, mas sim extraindo de sua própria ira nova força e resolução para seguir adiante com a guerra.[23]

23 Pesquisa no site: <https://pt.wikipedia.org/wiki/Vit%C3%B3ria_p%C3%ADrrica>.

Apesar dessa expressão estar ligada ao contexto militar, ela pode ser aplicada em qualquer área de nossas vidas.

A questão é, por acaso você já venceu uma batalha cujos prejuízos, principalmente os emocionais, foram irreparáveis? Que, depois da vitória, a sensação é que não ficou pedra sobre pedra. Que, apesar do triunfo, o sentimento que se tem é que não valeu a pena, por terminar com problemas de saúde; por racha na família ou com amigos de longa data; por prejuízos financeiros que não justificam o investimento empregado; pela perda de um ente querido em meio ao caos; ou, até, por você não se reconhecer ao final da batalha. Tudo isso e muito mais que poderíamos descrever aqui dá a sensação de vazio, de solidão.

Apesar da vitória, ainda ficarão no íntimo, os sentimentos de mágoa, rancor, ódio, os quais são dores profundas da alma, cujos males se revertem em forma de doenças, algumas muito graves.

Em alguns momentos da vida, não teremos outra saída a não ser o embate, infelizmente. Mas este caminho precisa ser o último, aquele em que não se consegue vislumbrar outra saída, mas se prepare porque será doloroso e prejudicial.

Uma batalha quase sempre começa pelo orgulho ferido. É esse sentimento nocivo que nos faz dar o primeiro passo para digladiar. Somando-se a isso, vem a sensação de estar perdendo algo enquanto outro ganha. A gente precisa entender muito bem o sentido da palavra "perda". Avaliamos o prejuízo, mas não avaliamos o que Deus está querendo nos dizer com aquela situação. Queremos buscar os nossos direitos, mas não queremos mudar a nossa conduta. O olhar crítico para si mesmo fará com que evitemos achar que o erro está somente no outro, afinal, pela lei de causa e efeito, naquele momento, por meio daquela perda, podemos estar resgatando algo que provocamos outrora. Essa avaliação deverá ser feita por quem estiver passando pelo problema, ou então, prestar atenção em alguém mais lúcido que, próximo de nós, alerta-nos.

A questão é: qual o preço da paz interior? Talvez não seja melhor perder agora, ainda assim, buscar a paz interior e recomeçar a vida ou iniciar um ciclo novo?

São perguntas que cada um deve responder a si mesmo. E que não são fáceis de responder. Por isso, Sócrates já alertava: conhece-te a ti mesmo. Somente conhecendo a si mesmo você terá condições de avaliar o quanto prejudicial poderá ser uma situação ao final da jornada. Ademais, precisamos controlar as nossas más tendências a fim de que elas não nos prejudiquem ainda mais.

O melhor meio de pacificação ainda é o diálogo. Pode demorar certo tempo até que as partes se entendam, entretanto, a paciência será uma virtude que precisará ser desenvolvida para evitar o pior, principalmente o desgaste emocional. Com o diálogo, teremos condições de expor nossas opiniões e perspectivas, mas também entender a posição do outro. É por meio do diálogo respeitoso que compreendemos o que pode ser feito - entre as partes - para que tudo se ajeite de forma que não haja prejuízos irreversíveis. E é por meio do diálogo que muitas reconciliações se concretizam de maneira esplêndida. Além do mais, com o diálogo todos têm a ganhar, contudo, no embate todos têm a perder.

Quantas dissensões e disputas funestas se teriam evitado com mais moderação e menos suscetibilidade! Quantas doenças e enfermidades decorrem da intemperança e dos excessos de todo gênero – escreveu Allan Kardec.[24]

Então, a reflexão que precisamos levar daqui é a seguinte: quando estivermos a entrar em um embate, vamos lembrar da vitória de Pirro, e quais as consequências que poderão vir mesmo com o triunfo. Assim, estaremos serenos em nossa decisão en-

24 *O Evangelho segundo o Espiritismo*, Allan Kardec, FEB.

tendendo que uma aparente vitória pode esconder uma grande derrota de consequências imensuráveis.

A humildade é o caminho que nos leva à sabedoria, que nos leva à lucidez, que nos leva ao entendimento, que nos leva à resignação e até à reconciliação.

O sentido de nossa vida é muito maior que qualquer embate. Quanto menos batalhas tivermos, mais tempo teremos para fazer com que a nossa vida tenha sentido e valha a pena para nós, e para outras pessoas.

Pensemos nisso!

O que diz o espiritismo?

Não adianta vencer sem melhorar-nos.

O lugar em que você vive é o seu campo de ação.

Os inimigos a vencer estão em nós mesmos.

Os outros são sempre o público que nos segue.

O seu setor de engajamento é o seu próprio trabalho.

Comandos e ordenanças, companheiros e inspetores são os parentes e amigos.

As suas armas eficientes e, das mais importantes, são o amor e a humildade, o conhecimento e a paciência.

Ordens a observar: trabalhar e servir.

Programa diário: "amar o próximo como a si mesmo".

Sinal de promoção: dever cumprido.

Marca de vitória: alegria interior com a bênção de Deus que nenhuma palavra do mundo consegue traduzir.[25]

25 *Busca e acharás*, psicografia de Chico Xavier, pelos espíritos Emmanuel e André Luiz, Ideal.

– 6 –

Ilegal, imoral ou engorda

Só pode arruinar sua vida se arruinar seu caráter.

Marco Aurélio (121-180), imperador romano

Vocês se lembram da música Ilegal, imoral ou engorda do Roberto Carlos? Ela tem um refrão que diz assim: "E como vou saber; O que eu devo fazer; Que culpa tenho eu; Me diga, amigo meu; Será que tudo o que eu gosto; É ilegal, é imoral, ou engorda?".[26]

Fala de um rapaz que procura andar direito e ter os pés no chão, mas certas coisas sempre lhe chamam a atenção, que ele não é de ferro, para, pensa, mas não pode mudar porque tudo que ele gosta é ilegal, é imoral ou engorda.

Sou um grande fã do rei, cresci ouvindo suas belas canções, inclusive o conheci em meados dos anos de 1980, quando morei em Goiânia, através de outro rei, "Dadá Maravilha", que na época jogava no Goiás Esporte Clube.

Mas estamos trazendo essa letra apenas para refletirmos em como está a nossa moral.

O filósofo e escritor Mario Sergio Cortella explica a diferença entre ética e moral: "A ética é o conjunto dos seus princípios e valores. Portanto, é muito mais do campo teórico. A moral é a prática, é o exercício das suas condutas. Eu tenho uma conduta no dia a dia, chama-se conduta moral. A ética são os princípios que orientam a minha conduta. (...) Portanto, existem morais particulares, mas a ética é sempre de um grupo, sempre de uma estrutura maior".[27]

---

26 Música composta por Roberto e Erasmo Carlos.

27 *Qual é a tua obra?*, Mario Sergio Cortella, Vozes Nobilis.

A conduta moral tem sido a derrocada de grande parte da humanidade. Vida após vida, retornamos e sucumbimos pela imoralidade que praticamos.

Jesus foi o espírito mais evoluído que já esteve aqui na Terra, de uma conduta moral irretocável. E foi com essa autoridade moral que ele expulsou os demônios: "Cale-se e saia dele!" Então o demônio jogou o homem no chão diante de todos, e saiu dele sem o ferir.[28] Entretanto, ainda estamos muito longe da evolução do Cristo e ainda temos muito a desenvolver nessa esfera.

Nos anos de 1970, o jogador Gerson foi garoto propaganda de uma marca de cigarros. E ao final do comercial, dizia: "Gosto de levar vantagem em tudo, certo? Leve vantagem você também!". Ele se referia ao preço do cigarro, mas o *slogan* acabou tendo uma interpretação pejorativa - famoso jeitinho brasileiro para levar vantagem em cima de alguém. Então, até hoje, isso ainda soa de forma depreciativa, mas ainda é apreciada por quem quer praticar algo imoral.

Inevitavelmente a lei de causa e efeito está intimamente ligada à moral, afinal, a lei do retorno não falha. Vamos a uma reflexão.

Quando você pede a conta no restaurante, confere-a e vê que um item que você consumiu não consta na despesa, neste caso, você pede ao garçom para incluir ou faz vista grossa? E se for o inverso, a conta está vindo com um produto que você não consumiu, e aí, você reclama ou releva? Possivelmente neste caso as pessoas irão reclamar, mas, no outro, a grande maioria poderá fazer vista grossa. Mas o que isso significa? Que quando ajo com honestidade estou colocando a minha moral em prática, consequentemente não dou vazão para a leviandade. Por vezes, há pessoas que levam um prejuízo atrás do outro, não entende o porquê, contudo, trata-se da lei do retorno, ou seja, estou recebendo o que normalmente pratico. Sendo assim, sempre que fizermos a coisa certa e justa, não teremos motivo para arrepender ou preocupar.

---

28 *Bíblia*, Lucas 4:35.

A moral é a regra de bem proceder, isto é, a distinção entre o bem e o mal. Funda-se na observância da Lei de Deus. O homem procede bem quando faz tudo pelo bem de todos, porque então cumpre a Lei de Deus – escreveu Allan Kardec.[29]

Mario Sergio Cortella sugere que ao tomarmos uma decisão façamos três perguntas: Quero? Devo? Posso? A prática da resposta é a nossa conduta moral. Portanto, é uma questão de consciência. Qual é o sentido? Posso eu atirar uma embalagem de garrafa ou uma lata no rio? Posso. Devo? Não, não devo. Quero? Não posso querer. Não posso querer destruir algo que vai trazer uma consequência maléfica, ruim para a nossa capacidade de existência.[30]

Para nós que queremos atingir o sentido da vida de forma plena, precisamos "lapidar" nossa moral. E ensiná-la desde cedo aos filhos e netos. A prática da moral fará com que sejamos espelho para aqueles que estão próximos. A prática da imoralidade também será modelo para aqueles que se afinizam com tal conduta.

Não podemos atingir o sentido da vida praticando irregularidades e prejudicando a terceiros. Não podemos deixar que a imoralidade se torne "normal" ou "padrão" em nosso país ou em qualquer lugar que estejamos.

Em 20 de setembro de 2020, o programa Fantástico, Rede Globo, exibiu uma reportagem sobre o senhor Manoel de Sá, de 63 anos, que trabalhava numa cooperativa de recicláveis. Ele encontrou 36 mil em um cofre doado como sucata.

O programa fez uma enquete:

Se você encontrasse um cofre com R$ 36 mil, o que você faria?

Agora pasmem com o resultado!

---

29 *O Livro dos Espíritos*, Allan Kardec, questão 629, FEB.

30 *Qual é a tua obra?*, Mario Sergio Cortella, Vozes Nobilis.

Entregaria para as autoridades: 23%.

Ficaria com o dinheiro: 77%.

Conforme a apresentadora, o resultado foi sob a alegação de que "achado não é roubado". Até ela ficou surpresa com o resultado.

Enquanto a maioria não devolveria, o senhor Manoel de Sá, trabalhador da cooperativa, devolveu às autoridades.

É nestas horas que a gente pergunta, onde está a ética e a moral das pessoas?

Uma vez eu perguntei para uma pessoa - que era suspeita de estar praticando irregularidades -, qual era a coisa mais importante em sua vida? Ele pensou, e respondeu: "a família". Então eu disse: "a coisa mais importante que você tem em sua vida é o nome, pois dependendo das coisas ilícitas que você praticar, nem a família vai querer olhar para você, com vergonha". Pode parecer palavras duras, mas um dia ele me procurou e disse: "toda vez que estava para fazer algo imoral, pensava no que você me disse".

A vida é assim, às vezes conseguimos resolver algumas situações com palavras dóceis, outras vezes, literalmente, com um "choque", não para ofender, mas para fazer o outro acordar para a realidade.

Que possamos refletir sobre estas palavras:

> **O escândalo, neste caso, é o resultado efetivo do mal moral. É preciso que haja escândalo no mundo, disse Jesus, porque os homens, em razão de sua imperfeição, se mostram inclinados a praticar o mal, e porque as más árvores dão maus frutos. Deve-se, pois, entender por essas palavras que o mal é uma consequência da imperfeição dos homens e não que haja, para estes, obrigação de praticá-lo.**[31]

31 *O Evangelho segundo o Espiritismo*, Allan Kardec, FEB.

Para aquele que já está com a moral mais desenvolvida, continue assim e ajude quem ainda não está. E aquele que ainda se compraz em praticar o ato desonesto, acreditando que ninguém está vendo, esclarecemos que nada é oculto aos olhos de Deus.

Cedo ou tarde, impreterivelmente, a conta e o resgate chegam. Por isso, lembremos sempre da frase do imperador romano, Marco Aurélio:

Só pode arruinar sua vida
se arruinar seu caráter.

O que diz o espiritismo?

Alguma vez já pensaste na tua conduta, no que tange ao teu dever ante a sociedade? Já procuraste observar o que falas durante o dia e o que fazes no decorrer deste tempo? A observação de nós mesmos é trabalho importante, na importância da vida.

Muitos dizem: "os meus pensamentos vêm a minha cabeça sem que eu os crie" e, por vezes, têm razão. Não obstante, a cabeça é tua e é teu dever cuidar da lavoura que te pertence por direito celestial. Os instintos inferiores são animais que devem ser domesticados, usando-se todos os meios possíveis e dignos. Não uses a violência; ela, até no bem, pode te causar danos, se a ponderação não estiver presente no teu modo de ser.[32]

32 *Cirurgia moral*, João Nunes Maia, pelo espírito Lancellin, Fonte Viva.

– 7 –

O que temos em comum com Santiago?

Às vezes, a verdadeira vitória não
se pode mostrar, nem a verdadeira coragem
é tão visível ou evidente quanto se pensa.

Ernest Hemingway

Em 1952, Ernest Hemingway lançava o clássico *O velho e o mar*. A obra contava a história de Santiago, um velho pescador, que não pegava um peixe há 84 dias. Por esse motivo, o apelidaram de salao - um azarento da pior espécie. Por isso, o garoto que o ajudava foi obrigado pelos pais a trocar de barco. Entretanto, o velho era destemido e orgulhoso, acreditava em si mesmo, e partiu sozinho para o alto mar, munido da certeza de que seria diferente, e realmente foi. Santiago pescou um peixe enorme, travou com ele por dias uma luta incessante, que lhe causou dores físicas e consumiu boa parte de suas energias. O peixe, atracado ao lado do barco, lutava com determinação. O pescador ainda teve que lidar com os tubarões que se aproximaram para comer a presa. Ao final, cansado e machucado, Santiago chega em terra apenas com a carcaça do maior peixe que havia pescado na vida, e que fora devorado no trajeto.

Esse breve resumo, desta obra esplêndida, é para refletirmos: o que nossa vida tem a ver com a de Santiago? E podemos afirmar que muita coisa. A começar pela teimosia. Quantos de nós somos teimosos e orgulhosos? Mesmo numa situação adversa, queremos mostrar que podemos superar os obstáculos sozinhos. E aí, com o orgulho ferido, entramos numa batalha cheios de ímpeto, até que, em algum momento, podemos estar nos dando bem, mas aí vem o revés, e aquilo que parecia que ia dar certo, torna-se um pesadelo. E quando isso acontece, perguntamo-nos: por que entrei nisso sem o devido preparo? E ainda, sem apoio de ninguém? Por diversas vezes na história, Santiago dizia: "Se o garoto estivesse aqui. Sim, se o garoto estivesse aqui". Mas não estava, ali se encontravam apenas o velho, o mar, o peixe e o arrependimento de não ter ninguém para ajudá-lo naquela pesca, ou melhor, naquela batalha.

Em determinado momento, Santiago diz a si mesmo: "Gostaria de lhe poder mostrar que espécie de homem sou eu. Mas, nesse caso, ele veria a cãibra que tenho. É melhor que ele julgue que valho mais para ter mais possibilidades do meu lado. Gostaria de ser aquele peixe e trocaria de bom grado a minha vontade e a minha inteligência para ter tudo o que ele tem". Vejam que apesar do peixe estar no mar, dominado, com um anzol na boca, Santiago *gostaria de ser aquele peixe.* E, atualmente, quantas pessoas gostariam de ter a vida de outras, ainda mais hoje, com as redes sociais onde se pode ver vidas ilusórias, de fantasias, que provocam a inveja aos demais, porém, sem que saibam a verdadeira realidade. Uma vida superficial pode ser vendida nestas plataformas como se reais fossem, entretanto, na grande maioria das vezes, a realidade é outra.

Em outro instante, o velho diz em voz alta: "Não tenho grande religião, mas direi dez Padre-nossos e dez Ave-marias se pescar este peixe. Se o agarrar, prometo fazer uma peregrinação à Virgem de Cobre. Prometo". E quantos de nós agem da mesma maneira. Tentamos, às vezes, barganhar com Deus como se isso fosse possível. Prometemos aquilo que sabemos que não iremos cumprir. Mas prometemos!

A verdade é que Santiago teve uma vitória igual à de Pirro, expressão utilizada para se referir a uma vitória obtida a alto preço, potencialmente acarretadora de prejuízos irreparáveis. Explicamos sobre isso no capítulo 5.

Ele venceu a batalha contra o peixe enorme, mas o perdeu para os tubarões. Também chegou bastante debilitado e doente. O garoto o recebeu, tentou ajudá-lo a se recuperar, contudo, quando se afastou a caminho da aldeia, começou a chorar. Sabia que o velho não resistiria, que jamais voltaria a pescar.

O sentido da vida para o velho era a pesca, e quando ele começou a ter dificuldades por causa da idade, a vida também começou a perder o sentido, no entanto, ao invés dele buscar um novo sentido, resolveu desafiar o tempo e o mar.

Não estamos aqui para julgar Santiago, mas para mostrar que, em maior ou menor grau, estamos cometendo os mesmos equívocos ou propensos a isso.

Poderíamos citar outras passagens de cunho relevante, não obstante, convidamos a leitura na íntegra deste clássico a fim de fazer uma análise profunda. E entender que nossas vidas são muito parecidas, o que muda são os cenários.

Estamos encarando o mundo com soberba, sem planejamento e, por conseguinte, ficamos à deriva? Ou estamos sendo prudentes e humildes em nossas realizações?

Estamos preocupados com a nossa própria vida ou com a alheia?

Como está a nossa relação com Deus? Estamos ainda naquela de fazer promessas e barganhar ou já colocamos a mão na massa e entendemos que o melhor caminho é o trabalho na Seara do Cristo?

Estamos tendo vitórias como as de Pirro e Santiago ou vencendo batalhas consistentes, principalmente as de cunho interior? Estamos aprendendo com as derrotas?

E neste caminhar, quem está ao nosso lado? Com quem podemos contar hoje e quem pode contar conosco?

São perguntas necessárias, mas as respostas são mais importantes, porque delas teremos uma noção se a nossa vida está fazendo sentido ou não. E se não estiver, o que podemos fazer para que ela tenha?

O que diz o espiritismo?

Em qualquer agitação exterior, mantém a serenidade necessária para que não destruas a formação do auxílio que já estará na direção do teu próprio endereço.

Nas horas atormentadas da vida, age com paciência e tolerância.

A paz em ti será paz nos outros e todos nós, seja aqui ou além, necessitamos de paz, a fim de viver fazendo o melhor.[33]

---

33 *Paciência*, psicografia de Chico Xavier, pelo espírito Emmanuel, FEB.

– 8 –

Eu não consigo respirar...

A pessoa que se esforça para se tornar pacífica
tem pela frente muitas lutas e refregas,
considerando-se o atual estágio que a humanidade atravessa,
caracterizado pela violência,
pela agressividade e pelas paixões dissolventes
que ganham campo no comportamento geral aceito
sem muita discussão.

Joanna de Ângelis[34]

34 *Diretrizes para o êxito,* Divaldo Pereira Franco, pelo espírito Joanna de Ângelis.

Em meio a pandemia, protestos antirracistas se espalham pelos EUA, depois que um policial de Minneapolis, Derek Chauvin, matou George Floyd, um negro de 46 anos, que trabalhava como segurança. O policial pressionou seu joelho sobre o pescoço de Floyd, que estava no chão, imobilizado, olhando para baixo implorando: "Eu não consigo respirar". Essa angústia durou oito minutos e quarenta e seis segundos, até que ele veio a óbito. O motivo: foi acusado por um comerciante de tentar passar uma nota falsa de 20 dólares.

O episódio lembra o que aconteceu com Eric Garner, um negro que morreu ao ser preso em 2014, em Nova York. Garner repetiu "Eu não consigo respirar", por diversas vezes, assim como Floyd.

Outros negros também já foram mortos por motivos banais, tanto nos EUA quanto em outros países, inclusive no Brasil, que registrou recentemente a morte de João Pedro, 14 anos, que foi atingido por um tiro de fuzil pelas costas. O adolescente estava dentro da casa de seus tios, na comunidade do Salgueiro. Ele não tinha nada a ver com a operação da polícia e, mesmo assim, a residência recebeu mais de 70 tiros. Foi mais uma morte violenta que comoveu os brasileiros, os quais se manifestaram por meio das redes sociais.

Todas essas informações preliminares são para nos trazer a reflexão de que precisamos mudar a nossa forma de pensar e agir quanto ao racismo. Não é possível que em pleno século 21, ainda continuemos assistindo atrocidades cometidas contra negros de todo o planeta.

O preconceito racial sempre existiu, mas hoje parece que é mais chocante porque as imagens são filmadas pelos celulares e compartilhadas em redes sociais, deixando-nos atordoados.

Até em um estádio de futebol, onde deveria ser um momento de descontração para os espectadores, há o preconceito. Logo, jogadores negros são ofendidos tanto quanto atletas de outras modalidades esportivas. O desrespeito escancarou e escandaliza àqueles que não se afinizam com tais atitudes.

"Ninguém nasce odiando outra pessoa pela cor de sua pele, por sua origem ou ainda por sua religião. Para odiar, as pessoas precisam aprender, e se podem aprender a odiar, elas podem ser ensinadas a amar"[35] - disse Nelson Mandela. É imprescindível que comecemos a amar o próximo como a nós mesmos. O que não podemos é descarregar no outro aquilo que temos de pior, por estarmos frustrados com a vida ou pela falência moral que tomou nosso ser.

Assistir a tudo passivo é agir com frieza descomunal. Entretanto, sair às ruas quebrando tudo, saqueando supermercados, botando fogo em carros, não é o caminho. É evidente que quem faz isso é quem se compraz com o caos e o vandalismo. É essencial protestar por meio da pacificação, de forma legítima, dentro da lei, porque qualquer ato arbitrário estará nos nivelando ao agressor, e perdendo o direito à justiça. Apesar da grande maioria manifestar pacificamente, há sempre um grupo minoritário, violento, que gera mais violência.

O pacifismo é um movimento que se origina no ímo do ser humano e se exterioriza em forma de justiça social, harmonia espiritual, equilíbrio moral - escreveu Joanna de Ângelis.[36]

Estamos passando por um processo de regeneração na Terra. O momento é de elevar os nossos pensamentos e não nos deixarmos influenciar por pensamentos de ódio e vingança.

---

35 Pesquisa no site: <https://www.pensador.com/frase/MzM1NjIw/>.

36 Livro citado.

Joanna de Ângelis explica que o pacifista não se envolve nas lutas corporais, tampouco inspira conflitos para estabelecer-se por decretos ou por meio de outros mecanismos violentos, promovendo, a pouco e pouco, a nova ordem de valores que devem vigir na sociedade.[37]

As mortes de George Floyd, João Pedro e tantos outros, não podem ser motivos para separar, mas sim unir, refletir, e exigir das autoridades competentes que tomem as devidas providências. É também necessário a mudança de protocolos arbitrários e prejudiciais à população negra.

O pacifismo vem de Deus e lentamente dominará toda a Terra, se os pacíficos prosseguirem intimoratos e confiantes até o fim – finaliza a benfeitora.[38]

Aquelas pessoas que não compactuam com o racismo ou qualquer outro tipo de preconceito, sentem-se sufocadas, assim como Floyd e Garner:

Eu não consigo respirar!
Eu não consigo respirar!

Não tem como respirar racismo em pleno século 21. Combatê-lo precisa fazer parte também de nosso sentido de vida. E para isso, precisamos trabalhar para a equidade entre os povos, a fim de que um dia possamos respirar melhores ares, sem preconceitos. É um momento de união para superarmos todas essas atrocidades cometidas contra nossos irmãos em Cristo.

37 Livro citado.
38 Livro citado.

Que possamos orar e buscar o equilíbrio necessário para nos mantermos pacifistas, em busca de um mundo melhor, mais justo, solidário e fraterno!

O que diz o espiritismo?

A Verdade imperará no mundo.
O Amor será exaltado entre as maiores virtudes.
A Justiça vencerá, por fim.
A Dor haverá cumprido a missão de educar.
O Bem ditará as normas da vida.
A Fraternidade unirá os povos.
A Paz alicerçará o progresso geral.
A Alegria purificará as emoções.
O Perdão nascerá espontâneo.
A Natureza não mais sofrerá violência.

Assim será quando, afinal, o Evangelho de Jesus triunfar nos corações, ensinando-nos a viver no Reino de Deus.[39]

39 *Juntos venceremos*, psicografia de Chico Xavier e Carlos A. Baccelli, Autores Diversos, Cap. Assim será, pelo espírito Irmão José, Ideal.

– 9 –

O pequeno grande livro

A existência na Terra é um livro que estás escrevendo. Cada dia é uma página. Cada hora é uma afirmação de tua personalidade, através das pessoas e das situações que te buscam.

Emmanuel[40]

40 *Mãos unidas*, psicografia de Chico Xavier, pelo espírito Emmanuel, IDE.

Certa vez, Allan Kardec recebeu uma correspondência. O professor abriu o embrulho, encontrando uma carta singela. E leu.

Sr. Allan Kardec:

Respeitoso abraço.

Com a minha gratidão, remeto-lhe o livro anexo, bem como a sua história, rogando-lhe, antes de tudo, prosseguir em suas tarefas de esclarecimento da Humanidade, pois tenho fortes razões para isso.

Sou encadernador desde a meninice, trabalhando em grande casa desta capital.

Há cerca de dois anos casei-me com aquela que se revelou minha companheira ideal. Nossa vida corria normalmente e tudo era alegria e esperança, quando, no início deste ano, de modo inesperado, minha Antoinette partiu desta vida, levada por sorrateira moléstia.

Meu desespero foi indescritível e julguei-me condenado ao desamparo extremo.

Sem confiança em Deus, sentindo as necessidades do homem do mundo e vivendo com as dúvidas aflitivas de nosso século, resolvera seguir o caminho de tantos outros, ante a fatalidade...

A prova da separação vencera-me, e eu não passava, agora, de trapo humano.

Faltava ao trabalho e meu chefe, reto e ríspido, ameaçava-me com a dispensa.

Minhas forças fugiam.

Namorara diversas vezes o Sena e acabei planeando o suicídio. "Seria fácil, não sei nadar" - pensava.

Sucediam-se noites de insônia e dias de angústia. Em madrugada fria, quando as preocupações e o desânimo me dominaram mais fortemente, busquei a ponte Marie.

Olhei em torno, contemplando a corrente... E, ao fixar a mão direita para atirar-me, toquei um objeto algo molhado que se deslocou da amurada, caindo-me aos pés.

Surpreendido, distingui um livro que o orvalho umedecera.

Tomei o volume nas mãos e, procurando a luz mortiça do poste vizinho, pude ler, logo no frontispício, entre irritado e curioso:

"Esta obra salvou-me a vida. Leia-a com atenção e tenha bom proveito. - A. Laurent."

Estupefato, li a obra - *O Livro dos Espíritos* - ao qual acrescentei breve mensagem, volume esse que passo às suas mãos abnegadas, autorizando o distinto amigo a fazer dele o que lhe aprouver."

Ainda constava da mensagem agradecimentos finais, a assinatura, a data e o endereço do remetente.

O codificador desempacotou, então, um exemplar de *O Livro dos Espíritos* ricamente encadernado, em cuja capa viu as iniciais do seu pseudônimo e na página do frontispício, levemente manchada, leu com emoção não somente a observação a que o missivista se referira, mas também outra, em letra firme:

"Salvou-me também. Deus abençoe as almas que cooperaram em sua publicação. - Joseph Perrier."[41]

---

41 *O Espírito da Verdade*, psicografia de Chico Xavier e Waldo Vieira, espírito Hilário Silva, Cap. 52, FEB.

* * *

Este relato emocionante mostra que uma obra edificante pode salvar e mudar vidas.

E eu te pergunto: você tem algum livro que fez toda a diferença em sua vida? Que evitou que viesse a sucumbir? Qual o seu livro de cabeceira?

Eu gosto muito de ler. E tenho diversos livros que em algum momento me ajudaram em uma determinada área da vida. Mas tem um que o chamo de "o pequeno grande livro", porque ele é pequeno no tamanho, porém grande no conteúdo. Seu nome: *Fonte viva*.[42] Inclusive, todas as vezes que faço o atendimento fraterno, indico-o para leitura no momento da oração, dessa forma, estaremos mais aptos a ouvir o que Deus tem a nos dizer, afinal, quando estamos angustiados, desequilibrados, podemos orar, entretanto, muitas vezes não conseguimos ouvir os sinais do Alto, devido ao estado de calamidade emocional e espiritual em que nos encontramos.

Uma obra como essa pode dar-nos sentido à vida, além de fazer-nos enxergar algo aparentemente ruim de forma diferente. A leitura precisa ser diária para alimentar o espírito, assim como usamos uma medicação para tratar de algum problema de saúde. Eu costumo dizer que estamos doentes da alma, precisamos tratar o espírito através dessas mensagens divinas, elevando os sentimentos mais nobres e purificando as más tendências.

Então, eu te convido a ler diariamente uma mensagem desse "pequeno grande livro". Abra "aleatoriamente", sabemos que o texto não sai ao acaso, mas direcionado para aquilo que estamos precisando compreender no momento presente. Procure um lugar calmo, tranquilo, para que sua oração e leitura sejam plenas. E sinta o Mestre falando em seu coração...

Busque nas obras do espiritismo o alimento espiritual para sustentá-lo na fé e na esperança. Não se deixe sucumbir. Ouça ou

42 *Fonte Viva*, psicografia de Chico Xavier, pelo espírito Emmanuel, FEB.

leia a palavra edificante, e mantenha a calma, que tudo, ao seu tempo, passará. E dias melhores virão...

* * *

Para finalizar este capítulo, vamos deixar uma mensagem do *Fonte viva*, intitulada "Por um pouco", afinal, como o tema do livro é sobre o sentido da vida, precisamos entender que o tempo pode estar a nosso favor ou contra, depende de como encaramos a estadia aqui na Terra. Chegará um tempo em que nos arrependeremos do tempo perdido, por isso que é muito importante mantermo-nos centrados na seara do Cristo para que a vida realmente faça sentido.

Escolhendo antes ser maltratado com o povo de Deus do que por um pouco de tempo ter o gozo do pecado.
— PAULO (Hebreus, 11:25)

Nesta passagem refere-se Paulo à atitude de Moisés, abstendo-se de gozar por um pouco de tempo das suntuosidades da casa do Faraó, a fim de consagrar-se à libertação dos companheiros cativos, criando imagem sublime para definir a posição do Espírito encarnado na Terra.

"Por um pouco", o administrador dirige os interesses do povo.

"Por um pouco", o servidor obedece na subalternidade.

"Por um pouco", o usurário retém o dinheiro.

"Por um pouco", o infeliz padece privações.

Ah! Se o homem reparasse a brevidade dos dias de que dispõe na Terra! Se visse a exiguidade dos recursos com que pode contar no vaso de carne em que se movimenta!

Certamente, semelhante percepção, diante da eternidade, dar-lhe-ia novo conceito da bendita oportunidade, preciosa e rápida, que lhe foi concedida no mundo.

Tudo favorece ou aflige a criatura terrestre, simplesmente por um pouco de tempo.

Muita gente, contudo, vale-se dessa pequenina fração de horas para complicar-se por muitos anos.

É indispensável fixar o cérebro e o coração no exemplo de quantos souberam glorificar a romagem apressada no caminho comum.

Moisés não se deteve a gozar, "por um pouco", no clima faraônico, a fim de deixar-nos a legislação justiceira.

Jesus não se abalançou a disputar, nem mesmo "por um pouco", em face da crueldade de quantos o perseguiam, de modo a ensinar-nos o segredo divino da cruz com ressurreição eterna.

Paulo não se animou a descansar "por um pouco", depois de encontrar o Mestre às portas de Damasco, de maneira a legar-nos seu exemplo de trabalho e fé viva.

Meu amigo, onde estiveres, lembra-te de que aí permaneces "por um pouco" de tempo. Modera-te na alegria e conforma-te na tristeza, trabalhando sem cessar, na extensão do bem, porque é na demonstração do "pouco" que caminharás para o "muito" de felicidade ou de sofrimento.

O que diz o espiritismo?

Suas leituras definem os seus sentimentos (...) Seus dias são marcas no caminho evolutivo. Não se esqueça de que compactas assembleias de companheiros encarnados e desencarnados conhecem-lhe a personalidade e seguem-lhe a trajetória pelos sinais que você está fazendo.[43]

43 *Agenda cristã,* psicografia de Chico Xavier, pelo espírito André Luiz, FEB.

– 10 –

É o que temos para hoje, sejamos gratos

Tendo, porém, sustento e com que nos cobrirmos,
estejamos com isso contentes.
Paulo (I Timóteo, 6:8)

Lembro-me de uma passagem da minha infância que aconteceu em meados dos anos 1970, e que me marcou muito. A minha família passava por uma situação financeira delicada, por isso, almoçávamos dobradinha todos os dias. Era um alimento barato na época. Teve um dia que, já enjoado da comida e de seu cheiro, indaguei:

- Mãe, dobradinha, de novo?

- Sim, meu filho, é o que temos para hoje... - respondeu serena.

- E amanhã, será melhor?

- Possivelmente não. Mas acredite, há pessoas que não têm o que comer, então, agradeça a Deus por essa dobradinha.

No dia seguinte, novamente dobradinha. Olhei para minha mãe:

- É o que temos para hoje?

- É o que temos para hoje!

E foi assim durante um tempo. Até que um belo dia, a refeição mudou. Agora já tínhamos outro alimento à mesa. Quando isso aconteceu, dei um sorriso de felicidade, afinal, não aguentava mais o sabor da dobradinha. Mas a experiência foi tão marcante e relevante, que a levei para minha vida. Assim, quando alguém me indaga, por exemplo: "é só isso?" ou "de novo isso?", respondo: "é o que temos para hoje...sejamos gratos".

Neste contexto, lembro-me das palavras de nosso querido Chico Xavier:

> Uns queriam um emprego melhor; outros, só um emprego. Uns queriam uma refeição mais farta; outros, só uma

> refeição. Uns queriam uma vida mais amena; outros, apenas viver. Uns queriam pais mais esclarecidos; outros, ter pais. Uns queriam ter olhos claros; outros, enxergar. Uns queriam ter voz mais bonita; outros, falar. Uns queriam silêncio; outros, ouvir. Uns queriam um sapato novo; outros, ter pés. Uns queriam o supérfluo; outros, apenas o necessário.[44]

A vida nos ensina tantas coisas, uma delas é que não devemos reclamar pelo que temos hoje. Isso traz perturbação à alma. Precisamos agradecer mais e reclamar menos. Deus é muito generoso conosco, e como disse o apóstolo Paulo: "O amor do Cristo nos constrange".[45] Isso acontece porque ele nunca desiste de nós, e sempre nos acolhe com seu amor.

E que não sejamos ingratos, afinal, como escreveu De Lucca:

> A falta de gratidão é quase uma falta de percepção nossa das inúmeras ocorrências positivas que nos felicitam todos os dias, principalmente daqueles acontecimentos diários que eu chamo de "pequenas felicidades": o abraço de um filho, a visão de uma árvore florida, voltar para a casa depois de um dia estafante, a visita de um amigo, o sorriso de uma criança, a palavra afetuosa de um familiar, ter uma cama para dormir, água para o banho, remédio para dor, música para sonhar, livros para voar e tantas outras pequenas felicidades que passam despercebidas por nós. Incorporar a gratidão como um hábito de vida faria com que sentíssemos o contentamento pelas coisas boas da vida, aumentando, indiscutivelmente, os níveis da nossa felicidade.[46]

---

44 Pesquisa no site: <https://www.pensador.com/frase/MzM4NzY3/>.

45 *Bíblia*, II Coríntios, 5:14.

46 *Pensamentos que ajudam*, José Carlos De Lucca, Intelítera.

Que possamos amar mais e odiar menos; sermos mais generosos e menos egoístas; mais humildes e menos orgulhosos; e que aprendamos a valorizar as pequenas coisas da vida.

Temos um lindo caminho a trilhar pela frente. Seguremos na mão de Jesus para que ele possa nos levar de forma plena até a outra margem.

Gratidão!

O que diz o espiritismo?

Não desprezes o poder da migalha na obra do auxílio.

O prato simples que partilhas com o irmão em penúria não resolve o problema da fome; entretanto, ele em si não é apenas favor providencial para quem o recebe, mas também mensagem de fraternidade expedida na direção de outras almas, que se inclinarão a repartir as alegrias da mesa.[47]

47 *Estude e viva*, psicografia de Chico Xavier e Waldo Vieira, pelos espíritos Emmanuel e André Luiz, FEB.

– 11 –

Alimentando o perdão

Um ancião índio norte-americano, certa vez, descreveu seus conflitos internos da seguinte maneira: "Dentro de mim há dois cachorros. Um deles é cruel e mau. O outro é muito bom. Os dois estão sempre brigando".
Quando lhe perguntaram qual cachorro ganhava a briga, o ancião parou, refletiu e respondeu: "Aquele que eu alimento mais frequentemente".

Provérbio indígena americano

Nós temos uma grande dificuldade em perdoar. Ah, como a nossa vida seria mais fácil se conseguíssemos perdoar como Jesus nos ensinou. Mas tornamos tudo mais difícil, afinal, o orgulho ferido não nos deixa refletir, muito menos perdoar. Daí, damos vazão e alimentamos o nosso lado mau, cruel.

Dessa forma, relacionamentos antigos e amizades de longa data são desfeitos, assim como se troca de roupa, literalmente, jogando-os em um cesto de roupas sujas, de maneira triste e melancólica. É como se não tivesse tido uma história nem momentos felizes.

E é pensando nisso que me vem à mente um conto, de autor desconhecido, intitulado "O rei e os cães selvagens", que diz o seguinte:

> Um rei tinha dez cães selvagens. Sempre que um servo cometia um erro, ele o jogava para os cães. Daí um de seus servos fez algo errado e então, o rei ordenou que ele deveria ser jogado aos cães.
>
> O servo disse:
>
> – Eu o servi por dez anos, por favor me dê dez dias antes de me jogar aos cães! O rei lhe concedeu.
>
> Na prisão, o servo pediu para um dos guardas que gostaria de servir os cães durante os próximos dez dias. O guarda concordou e o servo pôde alimentar os cães, limpá-los e banhá-los com todo o conforto.
>
> Quando os dez dias acabaram, o rei ordenou que o servo fosse jogado aos cães como punição. Quando foi lançado, todo mundo ficou surpreso ao ver apenas os cães vorazes lamberem os pés do servo.

O rei, perplexo com o que estava vendo, disse:

- O que aconteceu com meus cães?

O servo respondeu:

- Eu servi os cães apenas dez dias e eles não esqueceram os meus serviços. No entanto, eu o servi por dez anos e o senhor se esqueceu de tudo no meu primeiro erro.

O rei percebeu seu erro e ordenou que o servo fosse solto.

* * *

Temos uma facilidade imensa de não nos lembrarmos dos acertos alheios, entretanto, não nos esquecemos de seus erros. E acabamos julgando e condenando os outros, como se fôssemos perfeitos.

Gosto de refletir da seguinte forma: será que se estivéssemos na posição do outro, talvez fizéssemos igual ou até pior. Julgar é muito fácil assim como se fazer de vítima. Difícil mesmo é perdoar.

Contudo, você pode estar indignado pensando, por exemplo: "o que ele (ela) fez comigo foi muito grave!"

No mundo pode haver injustiças, mas não há injustiçados.

A verdade é que buscamos culpados, mas não queremos nos culpar. Precisamos ser mais humildes, reconhecer nossos próprios erros e perdoar aquele que nos feriu, por mais difícil que seja.

O escritor Scott Hunter[48] explica que a palavra perdão vem do latim e significa, além de absolver e desculpar, também "doar intensa e totalmente". Significa que se volta ao lugar onde se estava antes da transgressão cometida por alguém, que se está perdoan-

48 *A motivação é o sucesso*, Scott Hunter, Futura.

do. Zera-se tudo, começa-se de novo e sem apego ao que ficou para trás.

O médium Chico Xavier afirmava que o perdão é terapêutico, porque cicatriza as feridas emocionais causadas pelas pedradas das ofensas. Não perdoar é segurar o mal dentro de si, e, como o mal atrai o mal, damos oportunidade para que surjam em nossa vida moléstias, perturbações espirituais, dificuldades financeiras, agressões, acidentes, problemas amorosos etc.[49]

Qual de nós, um dia, não precisou de uma segunda chance para recomeçar?

Conforme o provérbio, há dentro de nós dois cachorros. Um deles é cruel e mau. O outro é muito bom. Pensando nisso, qual deles nós vamos alimentar?

Fica aqui o convite para que possamos trabalhar a humildade e, assim, alimentar o perdão.

O que diz o espiritismo?

Cair em culpa demanda, por isso mesmo, humildade viva para o reajustamento tão imediato quanto possível de nosso equilíbrio vibratório, se não desejamos o ingresso inquietante na escola das longas reparações.

É por essa razão que Jesus, não apenas como Mestre Divino, mas também como Sábio Médico, nos aconselhou a reconciliação com os nossos adversários, enquanto nos achamos a caminho com eles, ensinando-nos a encontrar a verdadeira felicidade sobre o alicerce do amor puro e do perdão sem limites.[50]

49 *Cura e libertação,* José Carlos De Lucca, Intelítera.

50 *Pensamento e vida,* psicografia de Chico Xavier, pelo espírito Emmanuel, FEB.

– 12 –

A arte de perguntar

Por que não entendes o que eu falo?

Jesus[51]

51 *Bíblia*, Jo 8:43.

Por acaso, você acredita que uma pergunta pode gerar mais expectativa do que uma resposta?

Algumas perguntas podem ser espetaculares e, com isso, gerar consciência no outro porque o faz raciocinar, a buscar respostas dentro de si.

Jesus utilizava-se das perguntas, aliás, dezenas delas estão na Bíblia, para entender o que se passava na mente do outro, mas, também, para motivar a reflexão, reforçar a fé, e para que as pessoas encontrassem o sentido da vida. E o interessante é que muitas vezes ele sabia a resposta, entretanto, indagava mesmo assim: **"O que você quer que eu faça por você?", pergunta ao cego de Jericó.** Outras eram bem mais profundas: "Tu me amas?".[52] Ele dominou como ninguém a arte de perguntar. E, até hoje, seus questionamentos permanecem vivos, provocando-nos a pensar e agir conforme seus preceitos.

O escritor Oscar Wilde dizia que "para dar respostas, todos são capazes, mas, para fazer as verdadeiras perguntas, é preciso ser um gênio".

Outro que dominava a arte de perguntar era o filósofo Sócrates: aquele que sempre indagara sobre o significado das palavras e dos valores que regiam a conduta humana e investigara o sen-

52 *Bíblia*, Jo 21:16

tido dos costumes e das leis que governavam a cidade, buscava a consciência nas ações e nas afirmativas.[53]

Dessa forma se desenvolveu o método socrático que é uma técnica de investigação filosófica feita em diálogo, que consiste em o professor conduzir o aluno a um processo de reflexão e descoberta dos próprios valores. Para isso o professor faz uso de perguntas simples e quase ingênuas que têm por objetivo, em primeiro lugar, revelar as contradições presentes na atual forma de pensar do aluno, normalmente baseadas em valores e preconceitos da sociedade, e auxiliá-lo assim a redefinir tais valores, aprendendo a pensar por si mesmo.[54]

Muitas vezes, ao invés de nos defendermos de algo que não fizemos, devemos interpelar, gerar reflexão no interlocutor. Ao invés de responder à agressão, perguntemos, como Jesus fazia: "Se falei mal, mostra em que falei mal; e se falei certo, por que me bates?".[55]

Precisamos desenvolver a habilidade de perguntar, afinal, às vezes, falamos, falamos e o outro não entende ou não quer compreender. Nesse momento, faz-se uma pergunta, como por exemplo: "O que o impede de entender o que estou lhe dizendo?". E aguarde a resposta, que com certeza irá gerar entendimento ao interlocutor do porquê da resistência naquele assunto.

De um modo geral, as pessoas não estão acostumadas a perguntar, mas sim a responder. Quando desenvolvemos a arte de perguntar, podemos resolver problemas que nos afligem, sendo assim, fazemos perguntas a nós mesmos, nas quais buscaremos as alternativas de solução em nossa mente. Neste mesmo contexto, podemos desenvolver aqueles que estão sob a nossa tutela.

---

53 *Apologia de Sócrates*, Platão, Nova Cultural.

54 Pesquisa no site: <https://pt.wikipedia.org/wiki/M%C3%A9todo_socr%C3%A1tico>.

55 *Bíblia*, Jo 18:23

O escritor e filósofo Mario Sergio Cortella esclarece que o questionamento "por que faço o que faço?" traz outra pergunta na sequência: "Por que não faço o que não faço?". Há coisas que eu posso fazer, mas não devo. E há coisas que eu não faço porque considero indecentes. E porque acho indigno fazê-las - mesmo que alguém faça e isso seja uma regra não escrita de mercado - eu continuo preferindo não fazer.[56]

Portanto, indagar a si mesmo sobre determinadas questões é um processo que pode levar a um caminho seguro, afinal, as respostas, nem sempre confortáveis de se responder, vão nos dar um norte a seguir.

Sendo assim, podemos terminar este capítulo com algumas perguntas que podem nos gerar consciência e trazer algumas respostas importantes:

Qual o propósito da minha vida?
Qual o sentido da vida?
Como posso contribuir para um mundo melhor?
Se hoje estou nesta situação, o que posso fazer para sair dela?
Se Jesus me perguntasse agora: o que queres que eu faça?
O que eu iria responder? E será que eu seria merecedor,
neste momento, dessa bênção?
O que depende de mim para ser uma pessoa melhor?
E efetivamente o que irei fazer para que isso aconteça?

Seja honesto nas respostas. Pratique constantemente, pergunte a si próprio, crie esse hábito. Depois comece a indagar a outras pessoas, com o intuito de saber o que elas estão pensando ou a opinião delas. Isso trará uma nova perspectiva para a sua vida.

E aí, pronto para começar?

---

56 *Por que fazemos o que fazemos?*, Mario Sergio Cortella, Planeta.

O que diz o espiritismo?

Ação é a voz que fala à razão.

Se aspiras, assim, a convencer os que te rodeiam, quanto à verdade, não olvides que, acima de todos os fenômenos passageiros e discutíveis, o único argumento edificante de que dispões é o de tua própria conduta, no livro da própria vida.[57]

57 *Seara dos médiuns*, psicografia de Chico Xavier, pelo espírito Emmanuel, FEB.

– 13 –

Ansiedade é ausência de fé?

O que temer? Nada.
A quem temer? Ninguém.
Por quê? Porque aqueles que se unem a Deus
obtêm três grandes privilégios: onipotência sem poder;
embriaguez sem vinho; e vida sem morte.

Francisco de Assis[58]

58 Pesquisa no site: <https://www.pensador.com/autor/sao_francisco_de_assis/>.

A ansiedade hoje é um problema mundial. Difícil achar alguém que não a tenha.

Divaldo Franco define a ansiedade como um fenômeno psicológico natural, que tem lugar quando estamos esperando algo, quando encontramo-nos na expectativa de qualquer acontecimento bom ou mau. Em casos dessa natureza, a ansiedade é considerada normal, mas, quando experimentamos palpitações, temos sudorese fria, começamos a experimentar dores de cabeça e problemas de natureza digestiva, já se encontra instalada uma ansiedade patológica.[59]

A questão é que alguns medos, e até perspectivas, jamais irão acontecer ou jamais acontecerão da forma que pensamos, na maioria das vezes. Se a depressão é uma reação a uma perda passada, a ansiedade é a reação a uma perda futura. Então, precisamos tomar muito cuidado, pois deixamos de viver o presente na expectativa de um futuro sombrio ou benéfico que poderá não acontecer.

As pessoas ansiosas tendem a sofrer por antecipação. Acreditam que algo de muito ruim vai acontecer e pintam o quadro mais sombrio possível na esperança que não seja tão ruim quanto imaginado.

E aí vem uma indagação: será que a ansiedade não seria uma fé vacilante? A fé vacilante é aquela que ora acredito, ora confio, ora nem acredito nem confio.

59 *Divaldo Franco responde,* organizado por Claudia Saegusa, Intelítera.

A verdadeira fé não acredita, confia! Por isso, o indivíduo faz o que está a seu dispor, e confia na mão de Deus naquilo que não depende 100% dele.

Certa vez, São Francisco de Assis saiu em viagem com um companheiro de sua comunidade. No caminho eles enfrentaram uma grande nevasca. Eles estavam indo a um mosteiro onde os dois seriam recebidos por um senhor. Depois de horas enfrentando a nevasca, o corpo já cansado, com frio, fome, sede, chegaram ao local. Seu companheiro bate à porta, alguém abre uma janelinha, e pergunta: "Quem é?". O rapaz responde: "É Francisco de Assis e eu". O homem olha desconfiado, e responde: "Que Francisco de Assis, que nada", e fecha a janelinha. O rapaz entra em desespero: "Vamos morrer". Quando ele olha para Francisco de Assis, ele estava pulando e cantando. O rapaz sem entender o porquê daquela felicidade, indaga: "Francisco, o que está acontecendo, por que você está feliz?". E a resposta: "A vida inteira eu esperei por este momento". Ainda sem entender, pergunta: "O momento de morrer?". E a resposta foi: "Não, este é o momento que nenhum ser humano pode intervir por nós, então, agora, estamos 100% nas mãos de Deus, e eu sempre esperei por isso". O companheiro incrédulo não sabia mais o que dizer. De repente, a porta se abriu, e o senhor da instituição, que aguardava Francisco de Assis, pediu para que os dois entrassem.

Vejam que essa história mostra o que é ter fé, o que é confiar em Deus. Se fizermos uma reflexão vamos encontrar, em algum instante da nossa vida, aquele momento em que Deus nos acolheu, literalmente, aos 45 minutos do segundo tempo. Quando nem nós acreditávamos que seria possível. Agora imaginem se realmente tivéssemos fé como a de Francisco de Assis, como é que nossas vidas não seriam mais plenas, sem ansiedade.

Narra-se que um monge que vivia da mendicância, sem abrigo, recolheu-se numa gruta para o repouso noturno em bela paisagem banhada de luar.

Adormeceu, veio um bandido e lhe furtou a capa de que se utilizava como agasalho.

O frio da madrugada despertou-o e, dando-se conta do infortúnio, porém fascinado pela claridade da lua, aproximou-se da entrada da gruta e, emocionando-se com o que viu, exclamou: "Que bom que o ladrão não me furtou a lua!"

E sorrindo, pôs-se a meditar. Desesperar, nunca!

Que a lição do monge também nos sirva de reflexão. Quantos de nós não pensa excessivamente no pior e quando ele acontece exclamamos: "Bem que eu disse que ia acontecer". A palavra e o pensamento têm força, então, em algum momento, vai se concretizar.

Portanto, se vamos falar ou pensar, que sejam coisas boas, confiando em Deus, pois Ele não nos desampara jamais.

Chico Xavier certa vez disse que em qualquer dificuldade, não nos esqueçamos da oração. Elevemos o pensamento a Deus, procurando sintonia com os espíritos bons. No mínimo, a prece nos pacifica para que encontremos, por nós mesmos, a saída para as dificuldades que estejamos enfrentando. Às vezes, naquele minuto de oração, deixamos de tomar uma decisão precipitada, de proferir uma palavra agressiva, de permitir que a cólera nos induza a qualquer atitude infeliz.[60]

A prece e o trabalho assistencial ainda são os melhores remédios para o controle da ansiedade e, também, para que a nossa vida faça sentido. Entretanto, se estiver numa situação enfermiça, não deixe de procurar ajuda profissional, mas, paralelamente, faça também o tratamento espiritual, porque será este que trará o equilíbrio necessário para viver o hoje, deixando para o amanhã o que Deus tiver reservado para nós.

Lembremos que o nosso futuro depende de nosso plantio hoje, sendo assim, se estivermos ansiosos pelo futuro, sem semear no presente, nada teremos de bom para colher lá na frente.

---

60 *O Evangelho de Chico Xavier*, Carlos A. Bacelli, Editora Didier.

Logo, vivamos o presente, trabalhando na seara do Cristo, para que naturalmente o futuro aconteça em harmonia com a nossa semeadura.

E que as palavras de Francisco de Assis façam sentido em nossas vidas:

O que temer? Nada.
A quem temer? Ninguém.
Por quê? Porque aqueles que se unem a Deus obtêm três grandes privilégios: onipotência sem poder; embriaguez sem vinho; e vida sem morte.

O que diz o espiritismo?

A coragem da fé começará sempre através da veemência com que exponhamos as próprias ideias, diante da verdade, entretanto, só se realizará em nós e por nós, quando tivermos a necessária coragem para compreender todos os homens, – ainda mesmo nossos mais ferrenhos perseguidores, – como nossos verdadeiros irmãos e filhos de Deus.[61]

61 *Mãos unidas*, psicografia de Chico Xavier, pelo espírito Emmanuel, IDE.

– 14 –

A grande lição

Sucesso é conhecer seu propósito na vida,
crescer para alcançar seu máximo potencial,
e plantar sementes que beneficiarão outras pessoas.
Você pode ver por essa definição que o sucesso
é uma jornada e não um destino.

John C. Maxwell[62]

62 *O sucesso está em você,* John C. Maxwell, Thomas Nelson Brasil

As experiências que adquirimos moldam nosso propósito de vida e nos direcionam ao sentido da vida. Sendo assim, quero compartilhar com vocês uma história que foi uma das maiores lições que já tive.

Durante muitos anos, representei marcas esportivas, inclusive algumas de renome internacional. Entretanto, comecei como vendedor em loja, meu segundo emprego foi numa loja de multimarcas de vestuários e acessórios masculinos.

Certa vez, dois senhores entraram muito mal arrumados, poderíamos até dizer maltrapilhos. O melhor vendedor da loja era o da vez, quando viu os senhores aos farrapos, saiu da fila e passou a vez. O que estava em segundo, vendo a ação do primeiro, também passou, saindo da fila. Então, quem era o terceiro da fila? Eu mesmo! De início, estranhei a ação dos meus colegas, mas ao ficar frente a frente com os dois clientes, entendi o porquê, porém, não tive coragem de passar a vez. Com um sorriso no rosto, perguntei: "Em que posso ser útil?". Recebi como resposta o desejo de ver algumas roupas. Comecei a atendê-los, mas somente um estava com desejo de comprar. Todas as camisetas que mostrava, ele dizia que eram muito bonitas e que podia separar que iria levar.

- Não quer experimentar?

- Não precisa, M é o meu tamanho.

Quando mostrava as calças jeans, ele colocava em volta do pescoço, depois dizia:

- É o meu tamanho.

- Mas o senhor nem experimentou, pode usar aquele vestiário, fique à vontade - eu falava.

– Não se preocupe, meu jovem, só de colocar em volta do meu pescoço, eu sei se serve ou não.

E assim, ele foi separando uma "montanha" de camisetas, jeans, cuecas, cintos e meias.

Os vendedores riam e cochichavam, pois entendiam que aquele cliente era um "caroço" e que possivelmente queria aplicar um golpe. O gerente me chamou e aos sussurros perguntou:

– Como eles vão pagar?

– Ainda não sei.

– Eles querem dar um golpe. Peça a eles a identidade, o CPF, o comprovante de endereço e holerite para adiantarmos o crédito, pois se estiver negativado, ou se não tiver renda o suficiente para comprar, nós nos livramos deles.

Fiquei numa "sinuca de bico", pedi ao senhor a documentação. Recebi como resposta o seguinte:

– Não precisa se preocupar com crediário, meu jovem, vou pagar à vista.

Retornei ao gerente e informei a forma de pagamento. Quando ele ouviu, ficou nervoso. Mas, ainda aos sussurros, ordenou que eu me livrasse dos homens, pois acreditava que iriam dar cheque sem fundo. Voltei a atender com um sorriso no rosto, porém, sob olhares repreendidos do gerente e da equipe de vendas, que parecia se divertir com a minha situação.

Enfim, corri o risco de seguir atendendo amigavelmente. Quando a venda terminou, havia um amontoado de roupas e acessórios que levei até o balcão onde o gerente ficava e que seria efetuada a soma. Intimamente, eu estava apreensivo, aguardava o momento em que o crédito daquele cliente fosse rejeitado, ou melhor, quando tirasse o cheque, ao ser consultado, seria roubado ou coisa assim. O gerente e o caixa somavam item a item com as feições fechadas, a famosa "cara amarrada". Eu continuava a conversar com aquele senhor simples, mas muito simpático. Quando a soma terminou o gerente indagou:

– Como deseja pagar?

– À vista.

– Não recebemos cheque deste valor tão alto.

– Mas quem disse que vou pagar com cheque? É em dinheiro – respondeu retirando do bolso um maço de notas.

O cliente, calmamente, colocou o dinheiro no balcão contando nota por nota. Neste momento, o gerente deu um sorriso de satisfação. A equipe que antes ironizava, agora estava estarrecida. Eu fiquei aliviado e feliz por aquele senhor ter condições de pagar. Antes que pudesse perguntar, o cliente explicou que era garimpeiro em Serra Pelada, que estava ganhando muito dinheiro e contou um pouco de sua história. Depois de ouvi-la com atenção, ele disse:

– Meu jovem, você me atendeu tão bem que vou lhe dar este dinheiro – imaginemos que hoje seria uma nota de cinquenta reais.

– Não precisa, senhor! Já estou ganhando comissão pela venda – respondi.

Ele olhou bem nos meus olhos:

– Esse valor realmente é pouco, tome esta outra nota – estendeu uma nota que hoje seria de cem reais.

Então, olhei para o gerente como quem perguntasse: "Posso receber?". Ele fez um sinal positivo com a cabeça.

O garimpeiro ficou contente quando guardei a nota. Logo em seguida, contou que tinha ido recentemente numa concessionária e o vendedor e o gerente não deram confiança para ele porque estava malvestido. Ele ficou muito nervoso com aquela atitude, foi à concessionária mais próxima, comprou uma caminhonete à vista, voltou na anterior e chamou tanto o gerente quanto o vendedor:

– Posso estar malvestido, mas tenho dinheiro para comprar à vista, sou garimpeiro de Serra Pelada, suas bestas!

Enquanto ele contava o caso, todos sorriam envergonhados, afinal, a percepção da concessionária tinha sido a mesma da maioria daquela loja.

Despedi-me dos dois senhores indo com eles até a caminhonete levar as diversas sacolas com as compras.

Eles me agradeceram mais uma vez pelo atendimento e partiram.

Voltei à loja. Todos estavam estarrecidos com o tamanho da venda e pelo julgamento precipitado, sendo que, este último, ninguém comentava abertamente.

Moral da história: "Jamais subestime uma pessoa pela sua aparência". Talvez essa tenha sido uma das maiores lições que recebi ao longo da vida profissional. Como esse acontecimento foi no início da minha carreira em vendas, resolvi levar essa lição para a minha vida e, depois, como representante comercial, sempre atendi todos os clientes igualmente, independente da condição financeira. Talvez esse atendimento "diferenciado", tenha me levado a um patamar mais elevado, pois, os clientes, recebendo a atenção que mereciam, sempre me elogiavam pela postura profissional.

Espero que este meu relato faça-o abrir os olhos para julgamentos precipitados, e, consequentemente, evitar injustiças.

O sentido da vida faz com que as lições aprendidas sejam compartilhadas, com todos que queiram seguir o caminho da fraternidade.

E você, já teve uma experiência parecida com essa?

O que diz o espiritismo?

No entanto, tereis razão se afirmardes que a felicidade se acha destinada ao homem nesse mundo, desde que a busqueis no bem, e não nos prazeres materiais. A história da cristandade fala de mártires que se encaminhavam alegres para o suplício. Hoje, na vossa sociedade, para serdes cristãos, não há necessidade do holocausto do martírio nem do sacrifício da vida, mas única e exclusivamente o sacrifício do vosso egoísmo, do vosso orgulho e da vossa vaidade. Triunfareis, se a caridade vos inspirar e a fé vos sustentar. – Espírito protetor. (Cracóvia, 1861.).[63]

63 *O Evangelho segundo o Espiritismo*, Allan Kardec, FEB.

– 15 –

Qual o sentido da fábula da coletividade?

A vida dá lições que só se dão uma vez.

Winston Churchill[64]

64 Pesquisa no site: <https://www.pensador.com/frases_de_licao_de_vida/>.

Este livro tem a intenção de que entendamos o sentido da vida, e para isso precisamos pensar num contexto de coletividade. Então vamos refletir com a fábula da coletividade, de autoria desconhecida:

> Uma senhora vivia numa pequena chácara e tinha alguns animais: uma vaca, um porco, uma galinha. E lá também guardava milho na tulha. E havia um rato que morava lá. Esse rato vivia sossegado até o dia em que a mulher resolveu colocar uma ratoeira dentro da tulha. O rato saiu desesperado. Correu até a vaca:
>
> – Vaca, nós estamos com um problema sério; a mulher colocou uma ratoeira lá.
>
> A vaca deu risada:
>
> – Como nós? Você já viu ratoeira pegar vaca? Eu não tenho nada com isso. Isso é problema seu.
>
> E saiu ruminando. O rato correu até o porco:
>
> – Porco, nós estamos com uma encrenca danada, a mulher colocou uma ratoeira lá.
>
> – O que é isso? Eu estou aqui bem longe, isso não vai me pegar, não. Ratoeira não pega porco, olha o meu tamanho e olha o seu. O problema é seu.
>
> O rato, atônito, correu para a galinha:
>
> – Galinha, nós estamos com um problema muito sério.
>
> – Pelo amor de Deus, eu já estou com problema por aqui e você ainda vem me torturar! O máximo que eu posso fazer é rezar por você.

> – Mas tem uma ratoeira lá.
>
> – Mas isso não é comigo, é contigo.
>
> O rato foi embora desanimado. À noite todos dormiam e, de repente, splaft. A ratoeira desarmou. Todos correram para olhar, inclusive o rato; era uma cascavel que tinha sido pega na ratoeira. A mulher levantou-se, foi tirar a cascavel da ratoeira e tomou uma picada. Foi levada ao hospital à beira da morte. Ficou vinte dias em recuperação e, na volta, precisava restabelecer a saúde na chácara. Qual a melhor comida para reforçar a saúde? Canja. Lá se foi a galinha. Depois de um mês, resolveu dar um almoço com feijão tropeiro para os parentes que a tinham ajudado e lá se foi o porco. A questão é que o tratamento tinha ficado caro e aí tiveram que vender a vaca para o açougue.

Moral da história: a ratoeira que aparece ali num canto pode não te pegar num primeiro momento, mas os efeitos dela são fortíssimos.

* * *

Portanto, muitas vezes deixamos de ajudar uma pessoa porque acreditamos que o problema não é nosso, que o outro que se vire para resolvê-lo. A nossa arrogância e prepotência acaba nos afastando da regra de ouro: "faça aos outros aquilo que gostaria que fizessem a você".

Um exemplo recente é o coronavírus que surgiu na China, e muitas pessoas acreditaram que o problema era apenas dos chineses. O que era um surto, tornou-se epidemia até evoluir para pandemia. Hoje, o mundo está enfrentando o problema junto.

Entenderam como funciona? Em um mundo globalizado não podemos olhar com desdém o problema do outro, pois, em algum momento, ele será nosso. Assim é na vida. Se podemos ajudar uma pessoa ou uma comunidade pelo prazer de fazer o bem, logo, por que não fazer?

Quantas vezes ficamos esperando o indivíduo pedir-nos socorro, ficamos a observá-lo, e, como não nos pediu ajuda, abstemo-nos. Essa atitude é um sinal de orgulho, de egoísmo. E será que o outro que está precisando de ajuda também não é orgulhoso, pois não está pedindo auxílio? Sim, possivelmente, mas não nos cabe julgar. É uma questão de empatia, colocar-se no lugar dele.

Lembremos que aquilo que fizermos, consequentemente, retornará para nós em algum momento. Assim, hoje, podemos estar numa posição de poder ajudar, mas, amanhã, seremos nós que precisaremos ser amparados por alguém.

Ademais, não há nada melhor que auxiliar ou apoiar alguém naquilo que está ao nosso alcance, e o que não estiver, busquemos parcerias com quem pode fazê-lo. Quando agimos solidariamente, criamos uma atmosfera favorável e agradável, não há nada melhor que isso.

Contudo, quando agimos de forma egoística, é como a história do americano e do japonês que estavam no meio da mata. De repente, ouviu-se o rugido de um leão. Os dois homens se olharam. Imaginem o que devem ter pensado. O japonês sentou-se em um toco de árvore, retirou a pesada bota que estava utilizando e colocou um tênis muito mais leve e macio. O americano, desesperado, reclamou:

– Japonês, temos que pensar em algo; o leão vai nos devorar. Será que acha que com esse tênis vai correr mais do que o leão?

– Não seja tolo – respondeu o japonês – com este tênis vou correr mais do que você.

Por isso temos o livre-arbítrio para agir solidariamente ou egoisticamente. Independente de qual for a nossa decisão, iremos receber de volta aquilo que doarmos.

Pense neste momento naquela pessoa que está precisando da sua ajuda, e ofereça suporte a ela. Isso vai lhe fazer bem...

O que diz o espiritismo?

Não são os problemas da vida em si que nos agravam a tensão nervosa. São as questões-satélites que nascem de nossas dificuldades para aceitá-las.

(...) Em todas as situações aflitivas, use a prece como sendo o nosso melhor tranquilizante no campo do espírito.

E quando problemas apareçam, não se deixe arrastar nas labaredas da angústia.

Você pode ficar em paz.

Para isso, basta que você trabalhe e deixe Deus decidir.[65]

65 *Busca e acharás*, psicografia de Chico Xavier, pelos espíritos Emmanuel e André Luiz, IDEAL.

– 16 –

A corrente do bem

Os desejos da vida formam uma corrente
cujos elos são as esperanças.

Sêneca[66]

66 Pesquisa no site: <https://www.pensador.com/corrente/>.

Você já assistiu o filme "A corrente do bem"?

É a história de Eugene Simonet, um professor de estudos Sociais, que faz um desafio aos seus alunos em uma de suas aulas: que eles criassem algo que pudesse mudar o mundo. Trevor McKinney, um de seus alunos e incentivado pelo desafio do professor, cria um novo jogo, chamado "pay it forward", em que a cada favor que recebe você retribui a três outras pessoas. Surpreendentemente, a ideia funciona, ajudando o próprio Eugene a se desvencilhar de segredos do passado e, também, a mãe de Trevor, Arlene, a encontrar um novo sentido em sua vida.

Trevor colocou sua teoria em prática. Ajudou um morador de rua, viciado em drogas, oferecendo comida e um lar para dormir. A sua teoria dá certo e ganha proporções estrondosas, ganhando a atenção da mídia e de um jornalista em especial, que beneficiado com "A corrente do bem" busca saber onde tudo começou.

Esta é a sinopse da espetacular história que nos anos 2000 arrebatou o mundo com a sua sensibilidade, fazendo com que as pessoas se emocionassem e se sentissem motivadas a fazer parte de uma corrente do bem.

Vejam que para fazer o bem só depende de nós. E quando uma ideia vem à tona, principalmente por meio de uma criança, é como se o mundo abraçasse a corrente como se algo original fosse. E na maioria das vezes a corrente é algo simples, já foi feita por outra pessoa, porém, de forma diferente. Tudo isso porque o mundo precisa de mais correntes fraternas.

Um ato de bondade pode mudar a perspectiva de vida de uma pessoa, fazê-la enxergar o mundo por um novo prisma e motivá-la a fazer o mesmo. É um ciclo que começa por alguém e que não tem fim. É um processo contínuo do bem.

O premiado filme *Kindness Boomerang*, produzido pela *Life Vest Inside*, da educadora Orly Wahba, tornou-se viral atingindo milhões de pessoas em todo o mundo e inspirou muitos outros filmes. A mensagem é faça uma gentileza a outrem, ou seja, a regra áurea: faça ao seu semelhante aquilo que gostaria que fizessem a você. Simples assim...

Em entrevista, Orly Wahba[67] se posicionou sobre o assunto:

> **O que a bondade significa para você?**
> *Para mim, bondade é a visão de ver a bondade nos outros. É a coragem de olhar mais fundo que a superfície, reconhecer que cada pessoa tem algo especial e único para contribuir com esse mundo maravilhoso. Ao incorporar a bondade inerente que existe dentro de nós, podemos compartilhar mais facilmente essa bondade com aqueles que nos rodeiam, ajudando-os a, sem dúvida, descobrir dentro de si mesmos.*
>
> **Onde você encontra bondade?**
> *A bondade é algo que acredito que pode ser encontrada em todos, em tudo, em todos os momentos e em todas as circunstâncias. A questão é que estamos dispostos a vê-lo, a descobri-lo, a tomar consciência de sua presença? Nosso olho é um músculo. Assim como qualquer outro músculo do nosso corpo, ele deve ser trabalhado, usado com frequência e cultivado para começar a enxergar o bem. Quanto mais o fazemos, mais a bondade é refletida de volta para nós. O que devemos nos perguntar a cada manhã, quando acordamos e respiramos fundo, é como escolheremos ver o mundo ao nosso redor. Através das lentes da bondade, ou preferimos permanecer cegos aos sinais de bondade que surgem quando nos dirigimos aos nossos dias.*

---

67 A entrevista faz parte do newsletter <https://www.lifevestinside.com/>.

São projetos como estes que vêm inspirando outras pessoas a abraçarem uma causa e, com isso, a fazer com que suas vidas tenham sentido.

E quando isso acontece naturalmente é porque a mensagem já foi assimilada e a corrente do bem acontece a qualquer hora e em qualquer momento, sem planejamento.

Está se tornando comum histórias de pessoas que fazem correntes humanas para salvar a vida de adultos, crianças e animais. Em muitos casos, é alguém arriscando a sua vida para salvar a de um desconhecido. O ímpeto solidário tem salvado vidas ao redor do mundo. Na realidade, podemos fazer muito mais do que imaginamos, não precisamos esperar uma situação de angústia para demonstrar nossa solidariedade.

Foi o que aconteceu no Cazaquistão. Uma cena emocionou a todos ao mostrar que a união de pessoas pelo bem é muito mais forte do que pensamos. Um cachorrinho caiu em um rio com uma correnteza forte. Ele jamais conseguiria sair sozinho daquele lugar, aliás, ninguém conseguiria. A não ser que ali estivesse mais de uma pessoa para ajudar aquele animal. E realmente várias pessoas se juntaram e fizeram uma espécie de "cordão humano" para salvar o cãozinho. Tudo começou quando um homem viu o cachorro preso e quase morrendo. Ele então desceu o muro de 12 metros para tirá-lo de lá, mas ele logo percebeu que seria difícil subir novamente. Então, quatro pessoas viram os dois e se juntaram dando as mãos. Entretanto, quando tudo parecia estar indo bem, eles acabaram perdendo a força e precisaram da ajuda de mais uma pessoa. Quando esta apareceu, tudo finalmente deu certo![68]

Poderíamos dar diversos exemplos de solidariedade, tudo isso acontecendo diariamente ao redor do mundo, mas isso não é tão divulgado porque não dá audiência, o que dá audiência é notícia ruim e triste.

68 Pesquisa no site: <http://www.anda.jor.br/2018/01/pessoas-formam-corrente-humana-para-salvar-cao-do-afogamento/>.

Entretanto, a corrente do bem existe e está espalhada pelo planeta, cada uma a seu tipo, com um só objetivo: praticar o bem.

Dessa forma, faça a sua vida valer a pena! Não se preocupe com seus problemas, eles serão resolvidos em algum momento, possivelmente fruto da generosidade que você praticou.

A corrente do bem não precisa ser específica, pode acontecer agora, em qualquer lugar ou hora, não tem data marcada, só depende de uma iniciativa nossa. Não cabe a nós saber quem a começou ou como vai acabar, o que importa são os frutos que dará nas vidas de quem ela tocou.

Particularmente, todos os dias de manhã, após as minhas orações, tento iniciar uma corrente do bem compartilhando mensagens edificantes para algumas pessoas e grupos de WhatsApp. Se uma dessas mensagens tocar o coração de alguém, trazê-lo à reflexão, motivar seu crescimento pessoal, já terá valido a pena. E se alguém desse grupo compartilhar com outras pessoas, e assim sucessivamente, então a corrente do bem estará formada.

Como disse Sêneca: "Os desejos da vida formam uma corrente cujos elos são as esperanças".

Vamos trazer mais esperança à vida de outras pessoas e, também, a nossa. Que a generosidade, a bondade, a caridade, a gentileza sejam gestos habituais, e que façam a nossa vida ter sentido no Universo!

O que diz o espiritismo?

Ouvidos são dois para que haja possibilidade de se libertar, através de um deles, o lodo que nos atirem pelo outro.

Quando palavras contundentes nos procurem o pensamento, à feição de veneno, esqueçamos e esqueçamos...

Não tentemos absorver semelhantes tóxicos da alma, como quem aduba espinheiros no coração. É necessário saber não passar recibo às injúrias. Calúnias e sarcasmos são naturalmente restituídos pela vida aos que lhes dão origem no campo da evolução.

Jesus vela.

Guardemos a certeza disso e sirvamos sempre.[69]

69 *Mais luz*, psicografia de Chico Xavier, pelo espírito Batuíra, GEEM.

– 17 –

Quem está cantando?

A essência de toda vida espiritual é a emoção que existe dentro de você, é a sua atitude para com os outros. Se a sua motivação é pura e sincera, todo o resto vem por si. Você pode desenvolver essa atitude correta para com seus semelhantes, baseando-se na bondade, no amor, no respeito e sobretudo na clara percepção da singularidade de cada ser humano.

Dalai-Lama[70]

70 *Palavras de sabedoria*, Dalai-Lama, Sextante.

Alguns anos atrás, recebi uma ligação dizendo que, a minha vó Quica, estava doente. Ela estava internada em um hospital no interior de Minas Gerais. Eu morava em Goiânia naquela época. Ela era uma pessoa especial para mim, o ser mais evoluído com quem convivi nesta atual encarnação e, possivelmente, um dos seres mais iluminados da Terra. Eu já havia falado dela em meu último livro, no qual escrevi que "ela nunca perdoou ninguém, porque nunca se sentiu ofendida".

Na ligação, meu irmão, Marco Aurélio, disse que o médico a diagnosticou com poucos dias de vida, pois estava bastante debilitada e com pneumonia. Então, com este sentimento de despedida, viajei ao encontro da minha querida avó, levando na bagagem, por intuição, um som portátil e um CD da Enya.

Quando cheguei ao hospital, a fisionomia dela estava pálida. Ao me ver, sorriu, ficou muito alegre, mas também preocupada.

- Meu neto, você veio me visitar de tão longe, deve estar cansado, deixou o serviço...

- Não se preocupe, vó. Está tudo sob controle. Vou passar este final de semana aqui com a senhora no hospital.

Naquelas primeiras horas, conversamos bastante, rimos, contamos casos do passado, foi muito agradável. Quando notei que ela estava um pouco cansada, pedi-lhe que descansasse um pouco. Assim, coloquei o CD da Enya para ela ouvir e relaxar.

Então começou a tocar *Evening Fall*. Aquela canção soava pelo quarto como uma melodia revigorante. Vó Quica ficou com os olhos fixos, como quem estivesse fazendo uma viagem no tempo.

- Que voz linda, quem está cantando?

- O nome dela é Enya.

- Que nome diferente, a voz dela é doce.

E assim ela adormeceu ao som da música *new age*.

Naqueles dois dias que passei ali, conversávamos bastante, e depois colocava as músicas da Enya para ela ouvir.

O médico notou a melhora considerável da minha avó. Chamou-me e perguntou o que eu tinha feito para ela ter essa melhora significativa. Informei que conversávamos muito, ríamos bastante e ouvíamos música, ou seja, era muito amor envolvido naquela atmosfera.

No dia em que fui embora, ela estava com a pele corada, um semblante diferente de quando cheguei. Poucos dias depois, recebeu alta. Sua recuperação impressionou os médicos.

Estou contando essa história porque a música pode revigorar as pessoas, principalmente se for tranquila, que possa fazer a alma literalmente volitar. E o amor, esse é incontestável, faz milagres...

Talvez hoje você possa estar com um ente querido ou amigo acamado. Cuide dele com carinho. Se estiver longe, faça uma ligação, converse sobre coisas agradáveis. Riam juntos, mas se sentirem vontade de chorar, chorem, mas aproveitem este momento. Ele pode ser revigorante para ambos. E ainda curar as feridas do corpo e da alma.

Se existe alguma pendência, resolva enquanto há tempo. O perdão acalma o coração e alivia os ressentimentos, trazendo paz de espírito e harmonia. Nunca deixe de solucionar uma questão mal resolvida alegando falta de tempo. A gente sabe que o tempo somos nós que fazemos, então, ligue, converse, ria, mas não perca o contato. Sabe aquilo que você gostaria de ter dito e não disse? Diga. Reconcilie, vai te fazer bem.

Quando visitei a vovó Quica, não imaginei que a minha presença iria ser tão benéfica. E tudo aconteceu de forma natural, sem planejamento, e até a música teve um efeito extraordinário, algo que eu jamais poderia imaginar que fosse possível!

Às vezes, a gente não imagina o quanto somos importantes na vida de outras pessoas. O quanto fazemos a diferença na construção de sua história. E aí só damos valor quando "perdemos" aquela pessoa amada. Não deixemos para depois aquilo que pode ser dito hoje. E não tenha vergonha de dizer: "Eu te amo!"

Em 2007, a vovó Quica desencarnou, aos 92 anos. Ela fez a transição entre os planos físico e espiritual, com o dever cumprido, sem uma mácula em sua história. Foi uma pessoa extremamente paciente e caridosa. Até hoje sentimos saudades...

E como disse Dalai-Lama: a essência de toda vida espiritual é a emoção que existe dentro de você, é a sua atitude para com os outros. Se a sua motivação é pura e sincera, todo o resto vem por si. Você pode desenvolver essa atitude correta para com seus semelhantes, baseando-se na bondade, no amor, no respeito e sobretudo na clara percepção da singularidade de cada ser humano.

A nossa vida só terá sentido se tiver sentido também para outras pessoas.

E aí, quem vem a sua mente agora? Então aja, não deixe para depois...

O que diz o espiritismo?

A cura tem início quando o paciente se ama e passa a amar o seu próximo. É um processo profundo de integração da pessoa nos programas superiores da Vida.[71]

71 *Desperte e seja feliz*, psicografia de Divaldo Pereira Franco, pelo espírito Joanna de Ângelis, LEAL.

– 18 –

Autopunição

Aproxime-se de mim quando estiver sofrendo e aliviarei sua dor. Aproxime-se de mim quando estiver alegre e compartilharei sua alegria, multiplicando-a muitas vezes.

Sarah Young[72]

72 *O chamado de Jesus,* Sarah Young, Sextante.

Você é uma pessoa que vive se culpando por tudo? Vive se autopunindo? O ato de punir tem a função de corrigir algo considerado errado, ilegal ou a quebra de regras estabelecidas, fazendo parte de todas as relações. A necessidade da punição se baseia na capacitação de pessoas a conviver de maneira justa, a fim de que não sejam beneficiados mais uns do que outros. Permite-nos entender qual o limite do outro e das nossas ações, até onde podemos ir ao vivermos em sociedade.[73]

A autopunição muitas vezes é desproporcional. Por isso é muito importante que entendamos que somos seres humanos em evolução. Que em algum momento iremos errar. Dependendo do sarrafo que elevamos a nós mesmos, poderemos adoecer pela rígida autopunição. Somos pessoas com certas limitações, isso quer dizer que não dominamos tudo, e errar faz parte do aprendizado.

Certa vez, estava nesta situação. Então, fui visitar meus parentes em Belo Horizonte. Passeando em um shopping da cidade, entrei numa livraria. Vi um livro de Sarah Young[74] que me chamou atenção. Abri-o aleatoriamente. Para minha surpresa, saiu a seguinte mensagem:

---

73 Pesquisa no site: <https://www.vladman.net/blog/voc%C3%AA-tem-um-sentimento-de-culpa-e-auto-puni%C3%A7%C3%A3o->.

74 Livro citado.

Não seja tão duro consigo mesmo. Sua mente limitada tende a olhar para o passado, ansiando por voltar atrás em decisões das quais você se arrependeu. Em vez disso, entregue seus erros a mim. Seus fracassos podem ser fontes de bênçãos, tornando-o mais humilde e mais solidário com as fraquezas dos outros. Confie em mim e observe atentamente para ver o que realizarei.

A mensagem trouxe-me alívio e consolo ao coração. Afinal, nossa mente limitada só consegue enxergar o óbvio, não entendendo o que Deus está tentando nos ensinar com aquela situação necessária para o crescimento pessoal, espiritual e moral.

Quando estivermos nos sentindo culpados, devemos buscar um lugar tranquilo, assim como Jesus fazia, e, no silêncio da prece, pedir as bênçãos para compreender o que está se passando. Assim poderemos entender que em tudo há um propósito, independente do que aconteceu. A nossa visão míope, na grande maioria das vezes, não nos deixam enxergar o todo; por isso a oração é essencial para que possamos enxergar pelo coração. E é assim que Jesus falará ao nosso interior, trazendo-nos à reflexão.

Neste contexto, lembrei-me da seguinte história, de autoria desconhecida:

> Um homem escutou falar de um grande mestre que morava na Pérsia. Vendeu todas as suas coisas, despediu-se da família e foi em busca da sabedoria.
>
> Depois de anos viajando, conseguiu chegar diante da cabana do mestre. Cheio de temor e respeito, aproximou-se e bateu. O mestre abriu a porta.
>
> – Venho da Turquia. Estou viajando há vários anos só para lhe fazer uma pergunta.
>
> – Está bem. Pode fazer apenas uma pergunta.

> – Preciso ser claro no que vou perguntar. Posso falar em turco?
>
> – Pode – disse o sábio –, e já respondi sua única pergunta. Qualquer outra que você quiser saber, pergunte ao seu coração. Ele lhe dará a melhor resposta sempre.
>
> E, fechou a porta.
>
> Com o tempo, o viajante percebeu que recebera uma sábia lição, pois geralmente buscava soluções dos seus problemas longe de si, quando, na verdade, todas as orientações e ajuda de que necessitava encontravam-se no seu interior.

Não nascemos prontos, e errar faz parte do processo. O que não podemos é permanecer no erro, e sim, devemos aprender, evoluir, crescer de forma plena.

Todo aprendizado trará uma lição. E essa lição pode não ser muito agradável, porém, chegará o dia em que nos sentiremos fortes espiritualmente, devido à transformação que recebemos por meio dessas lições.

Agora, é importante se amar, estar bem, para que consiga amar ao próximo. Sem amor iremos nos autopunir eternamente. O amor é a base de tudo. O que seria do mundo sem o amor como o Cristo nos ensinou?

A autopunição faz com que percamos o propósito de vida, e a fazer com que a vida não tenha sentido.

Portanto, conforme diz a canção: "levante, sacode a poeira, dê a volta por cima." Vida que segue. O fracasso faz parte da vida e só quem não desiste é quem se fortalece para o próximo ciclo. E o próximo ciclo sempre será o mais importante por ser o atual, ou seja, o que fizermos no presente germinará no futuro. Quanto mais nobres forem os nossos sentimentos, mais incríveis serão os resultados.

Que Jesus nos fortaleça a cada dia, e que possamos entender o real significado da palavra amor.

Oremos sempre e confiemos na Providência Divina.

O que diz o espiritismo?

Depois da caminhada amorosa e restabelecedora da paz interior, por meio das ações restauradoras aos prejuízos causados aos outros como a nós mesmos, concluímos que o perdão transformou vicissitudes em aprendizado, erro em experiência, negatividade em lição, dor em dom, sombra em luz, tudo a se expressar por meio de uma nova ética comportamental.[75]

75 *O perdão como caminho*, Alberto Almeida, Jardim das Oliveiras.

– 19 –

Qual a origem da gagueira?

"O que queres que eu te faça?" – indagou Jesus.
Rogou-lhe o cego: "Que eu volte a enxergar!".[76]

76 *Bíblia,* Marcos, 10:51.

Pesquisas apontam que 5% da população mundial é afetada pela gagueira durante o desenvolvimento da linguagem, porém, 1% dessa população gagueja cronicamente. Em números, isso significa que ao redor do mundo 70 milhões possuem esse distúrbio, sendo que no Brasil são 2 milhões. Vale ressaltar que a gagueira começa na infância e pode ou não continuar na vida adulta.

Pela ciência, a gagueira é causada por diversos fatores, mas é importante guardar a seguinte informação sobre o fator psicológico:

> Está comprovado que problemas emocionais não causam gagueira. Ao contrário, a vivência de uma fala gaguejada pode trazer alguns dificultadores para a pessoa. Fatores emocionais podem ser considerados agravantes, mas não são cientificamente considerados como causadores da gagueira. Algumas crianças que apresentam alguns dos fatores de risco para a gagueira, mas que ainda não se manifestam na fala, ou seja, já têm predisposição para tal, ao passarem por alguma situação de maior impacto emocional, poderão iniciar a gaguejar. Mas tem que haver a predisposição e sabemos não é a maioria.[77]

Em 2011, estava fazendo uma pesquisa sobre o assunto para escrever um artigo. Quando queria falar sobre um determinado

77 Pesquisa no site: <https://www.minhavida.com.br/saude/temas/gagueira>.

tema, cujo conteúdo gostaria de me aprofundar, tinha o hábito de enviar um e-mail para o escritor e palestrante espírita Richard Simonetti, que sempre respondeu a todas as questões, fraternalmente. Simonetti desencarnou em 3 de outubro de 2018, aos 82 anos, deixando um legado de 65 livros, incontáveis palestras pelo Brasil e exterior, além de um vasto trabalho na filantropia.

Neste e-mail, que enviei em 20 de abril de 2011, indaguei o seguinte:

> **Qual a visão do espiritismo sobre a gagueira?**
> *Como todo problema envolvendo limitações físicas, a gagueira é fruto de desajustes perispirituais, oriundos de comprometimento do passado.*
>
> **Trata-se de prova ou expiação?**
> *Considerando que prova é o que escolhemos, e expiação é o que nos é imposto, tanto pode ser um quanto outro, dependendo das condições do espírito.*
>
> **Além do Rei George VI, outros nomes da Antiguidade como Esopo, Aristóteles, Demóstenes, Virgílio, Erasmo e Darwin, também eram gagos. Como pessoas tão cultas e com necessidade de falar em público puderam passar por esse problema tão delicado?**
> *Se um deficiente físico assume uma tarefa de importância, nem por isso deixa de ser deficiente. Tarefas assumidas por esses espíritos não os eximiram de seus compromissos cármicos. O mérito esteve na superação.*

Dessa forma, a gagueira, assim como qualquer outra enfermidade, tem a sua raiz espiritual, ou seja, estamos resgatando algo da vida pregressa. Por isso, é muito importante que saibamos o que estamos semeando porque a colheita virá, cedo ou tarde, virá.

Este é um assunto que me chama a atenção, devido eu ter sido acometido por uma gagueira crônica a partir dos sete anos de idade até os doze. Foi nesta época - de 1972 a 1977 - em Belo Horizonte, que fui diagnosticado com epilepsia, no qual, no auge das crises, cheguei a ter vinte e duas convulsões por dia, quase uma por hora. Não vou me alongar neste assunto, mas, quando tudo parecia estar perdido, quando meus pais já tinham me levado a vários médicos, e em todas as religiões possíveis, em busca de uma cura ou milagre, conheci o espiritismo. E, por meio de um médium muito dedicado e sua equipe, uma cirurgia espiritual foi feita em mim. E daí por diante, as convulsões foram cessando até zerar. Estou simplificando ao máximo uma experiência que foi intensa. Depois de vencer esse grande obstáculo ainda tinha pela frente a gagueira. O médico neurologista, que cuidava do meu caso, vendo a minha angústia com as palavras, receitou-me um remédio para o controle da ansiedade. A gagueira também foi sendo controlada até se tornar algo quase imperceptível.

A partir dos doze anos de idade, imensamente grato a Jesus pela cura, comecei a estudar a doutrina espírita, e a trabalhar nas obras assistenciais do centro espírita onde a equipe de médiuns, que participou da minha cirurgia espiritual, frequentava. Assim, com o trabalho assistencial, passe, água fluidificada, culto do Evangelho no lar, estudos e palestras, fui tendo o controle espiritual necessário para superar estas adversidades físicas e espirituais.

No site "Instituto Brasileiro de Fluência" há diversos depoimentos de personalidades que tiveram ou ainda têm este distúrbio, entre eles: o escritor português José Saramago, e os atores, Murilo Benício e Bruce Willis. E o que o depoimento deles tem em comum? Que quando falavam em público, ou no caso dos atores, em cena, não gaguejavam, como num passe de mágica.

Vou transcrever o de Saramago porque quando o li me identifiquei:

> O meu problema foi, e continua a ser, o tartamudeio, a gagueira. Aqueles que gozam da sorte de uma palavra solta, de uma frase fluida, não podem imaginar o sofrimento dos outros, esses que no mesmo instante em que abrem a boca para falar já sabem que irão ser objeto da estranheza ou, pior ainda, do riso do interlocutor. Com a passagem do tempo acabei por criar, sem ajuda, pequenos truques de elocução, usar os bloqueios leves como pausas propositadas, perceber com antecipação a sílaba onde irei ter dificuldades e mudar a construção da frase etc. Curiosamente, se tiver de falar para cinco mil pessoas estarei mais à vontade do que a falar com uma só. Salvo em situações de extremo cansaço nervoso, hoje sou capaz de controlar adequadamente o meu débito verbal. A gagueira, no meu caso, passou a ser uma pálida sombra do que foi na infância e na adolescência. Aprendi à minha própria custa.

E a minha vida profissional foi praticamente como representante comercial de marcas esportivas, ou seja, trabalhando com a voz, e ainda, palestrante espírita. E faço das palavras de Saramago as minhas.

Portanto, quando temos um problema como esse, devemos buscar o tratamento com um fonoaudiólogo, que é o profissional capacitado para isso. Entretanto, não devemos deixar de lado o espiritual, porque há um motivo para este distúrbio acontecer nesta esfera.

Iniciamos este capítulo com a passagem de Bartimeu, o cego de Jericó:

"O que queres que eu te faça?" – indagou Jesus.
Rogou-lhe o cego: "Que eu volte a enxergar!"

Podemos nos comparar ao cego, afinal, quando temos algum distúrbio ou problema de saúde, em nossas orações, é como se

Jesus perguntasse: "O que queres que eu faça?". E a resposta poderia ser: "Que eu seja curado". Mas o ideal seria pedir: "Que eu volte a enxergar". Pois, quando estamos com um problema, principalmente neste contexto de enfermidade, é porque não estamos enxergando a vida como deveríamos enxergar. Ainda estamos olhando pelos olhos do egoísmo e do orgulho. Agora, quando Jesus nos toca e diz: "A tua fé te curou. Vá e não peques mais", estamos recebendo a sua misericórdia e a oportunidade de trabalhar e não errar mais, pelo menos naquilo que originou o distúrbio.

Sabe a expressão "tirar o mal pela raiz"? Na vida não funciona bem assim. Não temos como extirpar o mal que existe em nós pela raiz, mas podemos puxar a planta pela raiz e carinhosamente plantá-la em um terreno mais fértil, e adubá-la com mais amor, carinho e fraternidade. Com a experiência que adquirimos com aquele problema, agora sabemos como cuidar da nossa planta e de sua raiz que, com os devidos ingredientes, poderá florescer e dar bons frutos daqui para frente.

Como escreveu Emmanuel:

> Oferecemos ao Divino Cultivador o vaso do coração, recordando que se o "solo consciente" do nosso espírito aceitar as sementes do celeste Pomicultor, cada migalha de nossa boa vontade será convertida em canal milagroso para a exteriorização do bem, com a multiplicação permanente das graças do Senhor, ao redor de nós. Observa a tua "boa parte" e lembra que pode dilatá-la ao infinito.[78]

Abrir o nosso coração faz bem. Quantos de nós esconde uma gagueira ou outro problema por anos? Falar e tratar nos faz humanos. Para expor uma vulnerabilidade precisa ter coragem. Escondê-la é sinal de fraqueza. Expô-la é sinal de superação.

---

78 *Fonte viva*, psicografia de Chico Xavier, pelo espírito Emmanuel, FEB.

Quando temos vergonha de um distúrbio e queremos escondê-lo a sete chaves, nos aprisionamos a ele. É como se nós mesmos nos amarrássemos em uma árvore, porém, uma tempestade muito forte se aproxima. Temos três opções: continuar amarrados e deixar a tempestade nos destroçar; esperar que alguém nos salve, ou simplesmente nos desamarrar daquela árvore e escolher o caminho a seguir, longe da tempestade. Estar, literalmente, amarrado ao problema é dar uma importância maior do que ele realmente merece. Quando falamos sobre isso e nos expomos, deixamos que o mundo saiba, mas aquilo que nos prendia a ele nos liberta. E aquela importância que dávamos ao problema vai se dissipando e deixando de ser prejudicial. E aí, aquilo que você escondia por anos, você toma consciência de que não fazia sentido. É a partir daí que nossa vida começa a fazer sentido. Há um sentido e sempre fará sentido tudo na vida, mas precisamos olhar pelos olhos da alma e, para isso, necessitamos estar bem espiritualmente.

Nossos pontos fracos não devem ser condenados, mas entendidos como oportunidades de aprendizado e crescimento.[79]

Não busque respostas imediatistas. Não busque entendimento somente pelo mundo físico. Tente compreender o espiritual, e paulatinamente tudo começará a fazer sentido. E aquela estrada que parecia turva começa a ter luz própria. Aquele distúrbio que não fazia sentido, agora é o motivo para fazer brilhar a sua luz. E quando este entendimento chega, agradecemos a Jesus a oportunidade da vida, e fazemos com que ela tenha sentido.

E aquilo que o sufocava agora o faz sorrir. Entendendo que o problema até pode continuar, mas agora mais distante, e você não sente mais vergonha daquela sombra porque agora a vê como oportunidade de evolução.

E aí você se liberta e se sente livre para voar...

---

79 *Pensamentos que ajudam*, José Carlos De Lucca, Intelítera.

O que diz o espiritismo?

Aprendemos com todos os mestres espirituais da humanidade que as palavras criam nosso destino e, portanto, criam também a nossa saúde ou doença. A palavra, quando repetida com sentimento, cria um campo magnético poderoso capaz de atrair a ideia expressada.

(...) É verdade que toda cura começa na mente, mas passa também pelo que sai da nossa boca. Por isso fale somente o bem, tenha boas palavras para consigo mesmo, para com o próximo e para com médicos, enfermeiros, familiares e amigos, pois assim estará educando o seu corpo com a sabedoria das suas palavras.[80]

80 *O médico Jesus*, José Carlos De Lucca, Intelítera.

– 20 –

Como você chegou até aqui neste momento de sua vida?

A gratidão é a assinatura de Deus colocada na Sua obra. Quando se enraíza no sentimento humano logra proporcionar harmonia interna, liberação de conflitos, saúde emocional, por luzir como estrela na imensidão sideral ...

Joanna de Ângelis[81]

81 *Psicologia da gratidão*, psicografia de Divaldo Pereira Franco, pelo espírito Joanna de Ângelis.

Como você chegou até aqui neste momento de sua vida? Você já pensou nisso?

Com certeza, para chegar aonde você está hoje, houve sacrifício de muitas pessoas, principalmente dos pais, dos familiares e dos amigos. E, também, muitos desconhecidos que estiveram ao seu lado por um determinado momento, talvez minutos, mas o suficiente para lhe clarear a mente em momentos de aflição. De alguma forma, alguém contribuiu para que você atingisse seu objetivo ou, pelo menos, se aproximasse dele.

Agora leia com atenção este discurso emocionante de Kevin Durant - jogador norte-americano de basquetebol - para a sua mãe, quando recebeu pela primeira vez o prêmio *Most Valuable Player* (MVP) como melhor jogador da temporada regular da NBA:

> "Eu não acho que você saiba o que fez. Teve meu irmão quando tinha 18 anos e eu nasci três anos depois, tendo que criar dois garotos sozinha. Todos disseram que eu não chegaria aqui. Mudamos de apartamento para apartamento, sendo o primeiro deles em um cômodo sem cama, sem móveis e todos nós sentados na sala de estar se abraçando, achando que tínhamos conseguido. Você já foi dormir com fome para se sacrificar por nós. Você é a verdadeira MVP", disse Durant à sua mãe, que assistia emocionada da plateia.

Joanna de Ângelis[82] nos explica que quando a busca é de sentido, a pessoa não se detém para avaliar o resultado das conquistas imediatas, porque não cessa o significado das experiências vivenciadas e por experienciar. Trabalha o ser interno, inundando-o da luz do conhecimento e da vivência, de tal modo que todo o encanto veste-o de beleza e de saúde. Mesmo que se apresente com algum distúrbio orgânico, isso não lhe constitui impedimento ao prosseguimento da sua necessidade de sentido, por compreender que se trata de um acidente natural ínsito no processo no qual se encontra, avançando sempre em equilíbrio íntimo.

O episódio de Durant não é um acontecimento isolado, mas nem todos se expressam ou reconhecem essa gratidão. Muitas vezes as pessoas pensam que o outro poderia ter feito mais, mas acreditem, não poderia. Todos nós temos limites, seja financeiro, psicológico, emocional ou espiritual. Cada um doa o que pode dentro de suas possibilidades. E aquele que recebe, deveria ser grato, sem exigências ou reclamações, afinal, cada um recebe conforme semeou ao longo da vida.

Temos visto a ingratidão exacerbada circulando no seio familiar, na comunidade, entre amigos, de forma lamentável. Existem indivíduos que atingem o ápice na carreira e acreditam fielmente que o mérito é todo dele. Esquecem que pessoas se sacrificaram para que os seus sonhos fossem realizados, e, por isso, tiveram que renunciar aos seus.

Porventura se você voltasse no tempo, poderia dizer mais "eu te amo" para o pai, a mãe, os avós, que lhe deram carinho e amor. Se pudesse voltar no tempo, quem sabe retribuir o abraço recebido em momentos de dor, sorrir com aqueles que com você choraram, levantar quem caiu, e também quem não conseguiu se recuperar.

Entretanto, não há uma máquina do tempo para se viajar nela e corrigir equívocos, mas existe o presente. E o que pode ser feito

---

82 Livro citado.

hoje para agradecer a quem o ajudou ou está ajudando a realizar seus sonhos?

Talvez este seja o momento de retribuir o bem que você recebeu. Pode ser que aqueles de outrora já não se encontrem junto a você, mas nada lhe impede de semear o bem àqueles que necessitam de amparo, começando pelos mais próximos: a família.

Eventualmente alguém pode pensar que isso é nostalgia, mas só é nostálgico aquele que um dia amou. Quem tem o coração de pedra e não pensa com carinho naquelas pessoas que o ajudaram nesta jornada da vida, ainda estão presas em si, egoisticamente, crendo infantilmente que o mundo existe para elas.

Por que você não tira este momento para refletir?

Quem o ajudou a chegar até aqui?

Se você pudesse homenagear alguém, quem seria?

Com quem você gostaria de se reconciliar?

Se você pudesse dizer "eu te amo", novamente, seria para quem?

Se você pudesse dizer "gratidão por tudo que fez por mim", quem seria o felizardo?

Nunca deixe de expressar sua gratidão em vida. Se hoje isso não for mais possível, faça-o em oração. Dessa forma, você se sentirá mais leve e a outra pessoa com o sentimento de dever cumprido.

E aí, o que está esperando? Eu também vou fazer isso agora...

O que diz o espiritismo?

Quanto possas, trabalha na formação das pontes da amizade e da tolerância, onde estejas.

Para isso, basta procures utilizar, simbolicamente, as vigas do serviço desinteressado ao próximo, o cimento do silêncio diante da discórdia e do mal, as paredes do perdão incondicional das ofensas sob os planos e as indicações da Humanidade.

Muita gente pede concurso para a concretização das obras de caridade. A construção das pontes de ligação entre as pessoas e grupos sociais é uma das mais importantes.

E, provavelmente hoje mesmo, se quiseres, poderás iniciar a construção das pontes da conciliação e do amor, dentro da própria casa.[83]

83 *Hoje*, psicografia de Chico Xavier, pelo espírito Emmanuel, CEU/Editora EME.

– 21 –

Quais são seus dons e talentos?

Pegue um sorriso e doe-o a quem jamais o teve.
Pegue um raio de sol e faça-o voar lá onde reina a noite.
Descubra uma fonte e
faça banhar-se quem vive no lodo.
Pegue uma lágrima e
ponha-a no rosto de quem jamais chorou.
Pegue a coragem e
ponha-a no ânimo de quem não sabe lutar.
Descubra a vida e narre-a a quem não sabe entendê-la.
Pegue a esperança e viva na sua luz.
Pegue a bondade e doe-a a quem não sabe doar.
Descubra o amor e faça-o conhecer ao mundo.

Autor desconhecido[84]

84 Pesquisa no site: <https://www.pensador.com/frase/MjA3MTk5/>.

Todos nós temos dons e talentos desenvolvidos ao longo de nossas encarnações e também no plano espiritual. Colocá-los em prática é de suma importância para que possamos ajudar a quem precisa. Nem sempre iremos trabalhar naquela atividade que fazemos por prazer, ou seja, o que é o nosso *hobby* nem sempre será a atividade profissional. Por exemplo, eu sempre gostei de escrever, mas não ganhei a vida com essa habilidade, então, nas minhas horas vagas, escrevia artigos e livros sem fins lucrativos, apenas com o intuito de divulgar a doutrina espírita e levar uma palavra edificante a quem dela necessitasse.

O líder humanitário e mestre espiritual, Sri Prem Baba, nos explica que todo ser humano nasce com determinadas habilidades ou potenciais latentes, que também podemos chamar de dons. Um dom, quando desenvolvido, torna-se um talento, ou seja, algo que a pessoa faz muito bem e com facilidade. Normalmente, o talento da pessoa é algo que ela gosta de fazer, é uma paixão.[85]

Até mesmo na vida atual podemos desenvolver algum dom que antes nos amedrontava. Falar em público, por exemplo, é um medo que grande parte das pessoas tem, entretanto, se o indivíduo buscar ajuda profissional, dedicar-se a esse desiderato, e praticar, com o tempo poderá se tornar um palestrante, inclusive de alto nível.

Particularmente, eu não tenho nenhum dom e muito menos talento na cozinha, mas admiro quem tem. Também não faço

85 *Propósito*, Sri Prem Baba, Sextante.

questão de aprender, não é algo que me atrai, portanto, dificilmente aprenderei, a não ser que haja uma grande necessidade. Às vezes, aprendemos algo não porque queremos, mas por ser essencial à sobrevivência.

E assim vamos também desenvolvendo a arte de aprender, e isso é diário. Todos os dias aprendemos algo novo e podemos sentir-nos desafiados e motivados a trilhar caminhos que antes ignorávamos.

O que precisamos nos atentar é que muitas vezes gostaríamos de ganhar dinheiro com os nossos dons e talentos e quando isso não é possível, sentimo-nos frustrados e até invejamos quem o consegue. Porém, precisamos entender que a atividade que exercemos atualmente, com as pessoas que nos circundam, é para o nosso crescimento espiritual. E isso nos ajuda a superar obstáculos de outrora.

Eu demorei a entender que não ganharia dinheiro com meus textos, até um amigo espiritual me explicar que em outras vidas utilizei mal a escrita, deturpando muitas coisas e denegrindo pessoas. Agora era a oportunidade da regeneração, de construir uma nova história com mensagens edificantes, escritas por amor, e não para ganhar dinheiro, como no passado.

Portanto, reflita sobre isso. Pode ser que você cante muito bem, mas não obteve sucesso na busca por essa carreira, porém, poderá usar esse dom para alegrar pessoas em estado de aflição, confortando seus corações e trazendo esperança para quem a está perdendo.

Podemos não dar o devido valor aos nossos dons e talentos, mas eles são valiosos para outras pessoas. Contudo, para que ele funcione de forma plena, sem frustração, precisamos deixar o ego de lado, pois "muitas vezes o programa do ego não tem nenhuma relação com o programa interno, que é o propósito da alma. Essa contradição tem sido a causa da maioria das crises existenciais que o ser humano enfrenta".[86] Ou seja, o ego tenta nos iludir e nos faz acreditar que nossos dons e talentos são para coisas grandiosas e que seremos importantes e especiais, entretanto, isso não passa de uma fantasia, com isso, bloqueia-nos para aquilo que realmente viemos fazer, e é aí que a vida começa a perder o sentido.

Ser uma pessoa comum é o melhor que nos pode acontecer, assim, não criamos expectativas quanto ao sucesso, e desenvolvemos o nosso trabalho de forma amorosa, silenciosa e fraterna, sem pensar em reconhecimento.

Gostaria de terminar este capítulo com uma história que escrevi e que foi publicada em meu livro *Coragem, esperança e fé*, intitulada *O menino, a música e Deus*. Talvez ela o inspire a usar o seu dom e talento para que sua vida e de outras pessoas façam sentido.

> Daniel era um músico, tocava violino. Fazia um trabalho voluntário de visitar as crianças em fase terminal de câncer internadas no hospital. Sagradamente, todas as terças e sextas-feiras, ele se dedicava a esse labor. Acreditava que a música, tocada com o coração, acalmava o espírito e o deixava mais perto de Deus. Lembrava-se sempre da frase: "A música é o verbo do futuro", de Victor Hugo.
>
> Dessa forma, ele percorria os quartos do hospital com seu alto astral, tocando músicas alegres e também clássicas. Seguia a sua intuição ao tocar para cada enfermo. As crianças, já acostumadas com sua presença assídua, esperavam-no com ansiedade. Às vezes, elas pediam uma determinada música, e eram atendidas de imediato. Os médicos e enfermeiras aprovavam aquele trabalho voluntário, pois sentiam que os enfermos, pelo menos naquele momento, "esqueciam-se" da doença e "viajavam" naquela canção.

86 Livro citado.

Daniel ficava triste quando recebia a notícia de alguma criança que não resistira ao tratamento e falecera. Ele se afeiçoava a elas e ficava abalado, como se ela fosse um parente que tivesse ido embora.

Muitas vezes, conversava com elas tentando tirar um sorriso de um rosto jovem, porém de corpo enfraquecido, proveniente dos efeitos colaterais da quimioterapia ou radioterapia. Também sabia ouvir, atento, os sonhos que elas tinham quando sarassem. A esperança era algo que elas tentavam manter acesa em seu íntimo.

Certa vez, Dany - apelido que ganhou carinhosamente delas - entrou no quarto de um garoto chamado Marcelo. Sentiu que o menino não estava bem naquele dia.

- Como está?

- Mal.

- Por quê?

- Sinto que vou morrer.

- Mas você estava tão bem semana passada... Não fique assim, tudo há de melhorar...

- Você acredita na vida após a morte? - perguntou o garoto de 9 anos.

- Acredito que a morte não é o fim.

- Você acha então que, quando morrer, vou me encontrar com Deus?

- Claro! Você é um bom menino. Mas não pense na morte, lute para continuar vivendo...

- Não tenho mais esperanças... Estou muito fraco e debilitado... Posso te pedir uma coisa?

- Claro! O que é?

- Toque The end of August, do Yanni, para mim?

- Sim, mas por que escolheu essa música?

- É uma linda canção e talvez seja a última que vou ouvir, pois sinto que estarei com Deus em breve e gostaria de me encontrar com Ele tendo essa melodia na mente.

Sem questionar, Daniel ajeitou o violino no ombro e começou a tocar. Em determinado momento, viu uma lágrima descer pelo rosto do garoto. Também se emocionou. Aquela música percorria o hospital e tocava o coração de cada um. Ao terminar, ouviu um "obrigado" emocionado da voz embargada de Marcelo.

Quando retornou ao hospital na semana seguinte, as enfermeiras o informaram que Marcelo havia falecido. Disseram também que o menino havia deixado um recado: "Diz ao Dany que hoje estarei com Deus, ouvindo The end of August".

Daniel ficou pensativo com aquelas palavras. E assim, toda vez que tocava The end of August, fechava os olhos e imaginava como teria sido o encontro de Marcelo com Deus.

A sensação que ele tinha é a de que aquele encontro teria sido muito bonito.

Muito bonito e emocionante!

O que diz o espiritismo?

No dicionário das leis divinas, as nossas tarefas têm o sinônimo de dever.

Atendamos à obrigação para que fomos chamados no clima do bem.

Não te digas inútil, nem te asseveres incompetente.

Para cumprir a missão que nos cabe, não são necessários um cargo diretivo, uma tribuna brilhante, um nome preclaro ou uma fortuna de milhões. Basta estimemos a disciplina no lugar que nos é próprio, com o prazer de servir.[87]

87 *Livro da esperança*, psicografia de Chico Xavier, pelo espírito Emmanuel, CEU.

– 22 –

A lição do fogo

Se alguém quiser alcançar comigo a luz divina da ressurreição,
negue a si mesmo, tome a cruz dos próprios deveres,
cada dia, e siga os meus passos.

Jesus[88]

88 *Bíblia,* Mateus, 16:24.

Um homem que ajudava regularmente um grupo deixou, sem aviso prévio, de realizar suas atividades.

Depois de algumas semanas, o líder do grupo decidiu visitá-lo. Era uma noite fria.

Ele encontrou o homem em sua casa, sozinho, sentado em frente a uma lareira onde ardia um fogo brilhante e acolhedor. Antecipando a razão da visita, o homem desejou boas-vindas ao líder, convidando-o a sentar-se junto ao fogo e permaneceu quieto, esperando.

O líder aceitou o convite e, sem dizer uma palavra, sentou-se confortavelmente.

Em silêncio, contemplava a dança das chamas em torno das brasas que ardiam.

Depois de alguns minutos, sempre em silêncio, o líder escolheu uma delas, a mais incandescente de todas e a separou do resto das brasas ardentes. Acomodou-se em sua cadeira e permaneceu calado.

O anfitrião prestava atenção a cada um de seus atos com fascinação e quietude.

Assim, ele observou que a chama da brasa solitária diminuiu até se apagar de vez. Em pouco tempo, o que antes era uma festa de luz e calor, agora não passava de um carvão coberto de cinzas.

Nem uma palavra foi dita desde o cumprimento protocolar inicial entre os homens.

O líder se levantou, apressando-se em sair. Pegou então o pedaço de carvão, recolocando-o novamente no meio do fogo ardente. Quase imediatamente, o carvão voltou a se acender, alimentado pela luz e pelo calor das brasas ardentes ao seu redor. Quando o líder já estava na porta, mas antes que ele se retirasse, o anfitrião disse:

- Obrigado por sua visita e pela linda mensagem; muito em breve voltarei para o grupo, Deus lhe abençoe.

* * *

Esta história, de autoria desconhecida, vem ilustrar o quanto uma liderança é importante nas diversas áreas de nossa vida. A começar pelo centro espírita que frequentamos. Às vezes, um companheiro de trabalho ou até mesmo um frequentador assíduo some, a gente sente falta, pergunta por ele, mas, na maioria das vezes, não ligamos para a pessoa para perguntar se aconteceu algo, se está precisando de alguma coisa. Quanto muito, mandamos uma mensagem, o que pode soar frio e distante.

Outrossim, temos irmãos de caminhada cristã que se melindram de tal forma que chegam a abandonar o trabalho. Dizemos constantemente que o trabalho não é da Casa, mas do Cristo.

Estamos colocando aqui essas realidades da casa espírita, entretanto, serve para qualquer área de nossa vida: pessoal, profissional e social. Temos o hábito de nos chatear por qualquer coisa, e quando dizemos qualquer coisa, é isso mesmo. O significado de melindre é "tendência da pessoa que se magoa com facilidade, especialmente por coisas sem muita importância; suscetibilidade".[89]

Dessa forma, vamos acumulando mágoas, rancores, desavenças, apesar de muitos não se acharem melindrosos, quando o são num grau maior ou menor.

Irmão X nos esclarece que:

89 Pesquisa site: <https://www.dicio.com.br/melindre>.

> Os melindres pessoais são parasitos destruidores das melhores organizações do espírito. Quando o 'disse-me-disse' invade uma instituição, o demônio da intriga se incumbe de toldar a água viva do entendimento e da harmonia, aniquilando todas as sementes divinas do trabalho digno e do aperfeiçoamento espiritual.[90]

E compara o melindre com os vermes invisíveis da inveja ou do ciúme, da incompreensão ou da suspeita.

O melindre é fruto do nosso orgulho, de acharmos que somos melhores do que realmente somos. Sendo assim, se interpretarmos tudo de forma literal, iremos transformar nossa vida num caos sem fim. Precisamos desenvolver mais a humildade e o amor ao próximo. Há dias em que não estamos muito bem e falamos coisas que normalmente não diríamos, portanto, precisamos relevar também o outro. Então, é muito importante que estejamos atentos a estes "bichinhos" que vão tomando o nosso ser, induzindo-nos a expressar os nossos piores sentimentos.

Não permita que suscetibilidades lhe conturbem o coração. Dê aos outros a liberdade de pensar, tanto quanto você é livre para pensar como deseja. Cada pessoa vê os problemas da vida por ângulo diferente. Muita vez, uma opinião diversa da sua pode ser de grande auxílio em sua experiência ou negócio, se você se dispuser a estudá-la. Melindres arrasam as melhores plantações de amizade. Quem reclama, agrava as dificuldades. Não cultive ressentimentos. Melindrar-se é um modo de perder as melhores situações. Não se aborreça, coopere. Quem vive de se ferir, acaba na condição de espinheiro - explica André Luiz.[91]

O papel da liderança neste contexto é buscar a reconciliação, resgatar a ovelha perdida, e isso dá trabalho, porque a pessoa que

---

90 *Cartas e crônicas*, psicografia de Chico Xavier, pelo espírito Irmão X, Cap. Bichinhos, FEB.

91 *Sinal verde*, psicografia de Chico Xavier, pelo espírito André Luiz, CEC.

se sente ofendida, às vezes, exige retratação mesmo quando tudo não passou de um mal-entendido.

E por que devemos refletir sobre a lição do fogo? O líder visitou o homem e sem dizer uma palavra deixou uma mensagem reconciliadora, de tal forma que o outro se sentiu acolhido. Não teve palavras duras e nem reclamações. O entendimento foi recíproco, isso quer dizer que tanto um quanto o outro estavam abertos à harmonia. É aquele velho ditado popular: quando um não quer, dois não brigam. E é este aprendizado que precisamos levar para a nossa vida: o diálogo sempre foi e será o melhor caminho para a reconciliação. Enquanto o melindre nos afasta de tudo, de todos e de Deus.

Que possamos refletir sobre isso, rever algumas condutas e crenças limitantes que nos fazem estagnar. Buscar a reconciliação é de suma importância para não carregarmos um peso desnecessário. Ademais, o trabalho na seara do Cristo não pode ficar pendente por causa de melindre. Sejamos humildes, e busquemos a paz, a harmonia e o trabalho. Se agirmos de outra forma sucumbiremos pelo orgulho e pela vaidade.

Para que a vida tenha sentido, precisamos resolver questões pendentes para seguir em frente. E se não há nenhum mal-entendido a resolver, então que possamos seguir em frente, recordando as palavras de Jesus:

Se alguém quiser alcançar comigo a luz divina da ressurreição, negue a si mesmo, tome a cruz dos próprios deveres, cada dia, e siga os meus passos.

Reflita sobre este capítulo e, quem sabe, permita-se pensar na possibilidade de retornar àquela atividade edificante do Cristo que deixou algum tempo atrás.

O que acha disso?

O que diz o espiritismo?

Mantenha seu equilíbrio.

O equilíbrio depende da serenidade da mente.

Jamais se aborreça nem se exalte.

Não ligue importância às coisas passageiras que lhe vêm de fora.

Não se impressione com o que os outros dizem.

Siga a conduta ditada por sua consciência, e não perca seu equilíbrio.

Caminhe para a frente, alegre e certo de que há de vencer, por maiores que sejam as dificuldades do caminho.[92]

---

92 *Minutos de sabedoria,* Carlos Torres Pastorino, Vozes.

– 23 –

Qual é a sua verdade?

Ante a exposição da verdade, não te esquives à meditação sobre as luzes que recebes. Quem fita o céu, de relance, sem contemplá-lo, não enxerga as estrelas; e quem ouve uma sinfonia, sem abrir-lhe a acústica da alma, não lhe percebe as notas divinas.

Emmanuel[93]

93 *Fonte viva*, psicografia de Chico Xavier, pelo espírito Emmanuel, FEB.

Diz a lenda que numa cidade viviam sete sábios cegos, que davam conselhos a todas as pessoas que os consultavam para resolver seus problemas. Os homens eram amigos, mas mantinham uma competitividade acirrada, e acabavam discutindo o tempo todo para evidenciar quem era mais sábio.

Um dia, depois de uma conversa cansativa sobre a verdade, o sétimo sábio se aborreceu e resolveu ir embora para as montanhas, e disse aos amigos:

– Somos homens cegos e talvez possamos ouvir e entender melhor que as outras pessoas, a verdade da vida. Mas vocês ficam discutindo como se quisessem ganhar uma aposta, um jogo. Cansei dessa competição! Vou-me embora.

Certo dia um comerciante chegou à cidade montado num belo elefante africano. As pessoas nunca tinham visto um animal daquele porte, nem mesmo os sábios cegos, e todos saíram à rua para vê-lo. Os cegos rodearam o elefante para tocá-lo e o primeiro sábio apalpou a barriga do animal e disse:

– É muito parecido com uma parede!

O segundo sábio, tocando nas suas presas, o corrigiu:

– É muito parecido com uma lança!

O terceiro sábio, que segurava a tromba do elefante, retrucou:

– É muito parecido com uma cobra!

A mão do quarto sábio acariciava o joelho do elefante, e o sábio contestou:

- É muito parecido com uma árvore!

O quinto sábio gritou, quando mexia nas orelhas do elefante:

- É muito parecido com um abano!

O sexto sábio irritado rebateu:

- Todos vocês estão errados! O elefante é muito parecido com uma corda! - disse, tocando a pequena cauda do elefante.

E, alvoroçados, os seis sábios ficaram discutindo. Até que o sétimo sábio cego, descendo das montanhas, apareceu conduzido por uma criança. Ao ouvir a contenda, pediu ao menino que desenhasse no chão a figura do elefante. Quando tateou os contornos do desenho, percebeu que todos os sábios estavam certos e iludidos ao mesmo tempo. Agradeceu ao menino e afirmou:

- É assim que os homens se comportam perante a verdade. Pegam apenas uma parte, pensam que é o todo, e continuam tolos![94]

A moral da história é que humanos têm uma tendência a pretender conhecer verdade absoluta com base em suas experiências limitadas e subjetivas, ao mesmo tempo que ignoram as experiências subjetivas, limitadas de outras pessoas, que podem ser igualmente verdadeiras.

* * *

94 N.A.: A primeira versão da parábola *Os Cegos e o Elefante*, data-se do primeiro milênio a.C. As versões mais antigas são encontradas nos textos budistas, hindus e jainistas, mas foi na adaptação de John Godfrey Saxe (1816-1887), que a fábula ficou conhecida na Europa em forma de poema.

E assim, as pessoas vão buscando o sentido da vida por meio de suas verdades, mas será que existe realmente uma verdade absoluta? Da forma como os cegos fizeram com o elefante - analisando-o por partes - será que não fazemos o mesmo no dia a dia?

Por exemplo, a Bíblia, desde sempre, vem sendo distorcida por conveniência. É uma parte aqui, outra ali, e quando não encontram nada que justifique no Novo Testamento, então partem para o Antigo Testamento, em busca de uma verdade que não mais existe para os tempos atuais, pois, depois da vinda do Cristo, prevalece o seu Evangelho de amor.

A verdade pode ser subjetiva e analisada por um determinado ângulo. Podemos em uma mesma situação ter versões diferentes e todas serem consideradas verdades por seus pensadores. Para fundamentar tal perspectiva vamos trazer a seguinte história:

> Havia três pedreiros trabalhando em uma construção. Uma pessoa que passava se aproximou de um deles e perguntou: "Que está fazendo, meu bom homem?" "Estou colocando tijolos" - respondeu - "é um trabalho duro com o qual ganho o pão de cada dia." Aproximou-se, então, do segundo e repetiu a mesma pergunta, à qual o pedreiro respondeu: "Estamos colocando tijolos, construindo juntos, o lado norte desta estrutura." Finalmente se aproximou do terceiro, que, frente à pergunta, disse com orgulho: "Coloco tijolos ajudando a levantar a catedral mais linda para o meu povo".

Vejam que para cada um dos pedreiros havia uma perspectiva diferente num mesmo contexto. E isso acontece diariamente conosco independentemente de onde estivermos inseridos. Por isso precisamos estar abertos a novos entendimentos. A diversidade de ideias, credos e raças nos faz crescer como pessoas. Respeitar a opinião alheia nos conduz a outras perspectivas.

Quando acreditamos fielmente que somos donos da verdade e deixamos de aprimorar nossa forma de pensar, estamos nos limitando e deixando passar oportunidades preciosas por falta de humildade. Humildade em saber que não sabemos tudo e precisamos nos desenvolver diariamente e, principalmente, aprender com o outro. Isso não quer dizer que devo pensar como ele, mas que existem outras opiniões, diferentes da minha, que merecem ser ouvidas e respeitadas.

Scott Hunter escreve que aquilo que vemos é "a verdade" ou a nossa interpretação? Sempre é a nossa interpretação – isto é, você é a fonte daquilo que vê. Você interpreta tudo baseado em como aprendeu a interpretar as coisas quando era jovem e filtrava tudo por meio de sua conversa. E é por isso que cada um tem opiniões e percepções diferentes. Não é que haja algo diferente lá fora para cada um ver: ao contrário, cada um é um observador diferente e interpreta as coisas diferentemente.[95]

E por que trouxemos este tema para o sentido da vida? É porque muitas pessoas deixam projetos de vida maravilhosos, que poderiam ajudar outras tantas, mas devido à divergência de ideias ou percepções diferentes; ou por acreditarem em suas verdades absolutas, desfazem o propósito ou seguem com ele com indivíduos que pensam da mesma forma, sem aceitar outros que poderiam contribuir com um pensamento diferente ou uma perspectiva mais criativa.

Neste contexto, vemos muitos parentes e amigos que não se falam mais, por divergências de ideias, cada um acreditando na sua verdade. Isso é muito triste, pois algumas interpretações só prejudicam a evolução do ser, além de provocar o rancor e a mágoa, que acabam se transformando em doenças para o corpo físico.

Então, quanto mais buscarmos uma verdade absoluta, menos a entenderemos, entretanto, quanto mais abrirmos nossa mente para outras opiniões, mais lúcidos ficaremos para entender o sen-

95 *A motivação é o sucesso*, Scott Hunter, Futura.

tido da vida. Como diz o provérbio hindu: "Nada se transformou, somente eu me transformei, portanto, tudo se transformou".

Então, a nossa mudança deve ser interior, quando isso acontece, o mundo começa a fazer sentido e nós começamos a fazer sentido para o mundo. Lembrando que isso que estamos escrevendo não é uma verdade, mas, apenas, uma perspectiva!

O que diz o espiritismo?

Por que nem sempre a verdade foi colocada ao alcance de todos?

É necessário que cada coisa venha ao seu tempo. A verdade é como a luz: é preciso habituar-se a ela pouco a pouco, senão ofusca. Deus jamais permitiu que o homem recebesse comunicações tão completas e instrutivas como as que hoje lhe são dadas.[96]

96 *O Livro dos Espíritos*, Allan Kardec, questão 628, transcrita parcialmente, FEB.

– 24 –

É melhor prevenir do que remediar

Não te esqueças de que o mal não pode oferecer retificações a ninguém. Quando a correção do Senhor alcançar-te o caminho, aceita-a, humildemente, convicto de que constitui verdadeira mensagem do Céu.

Emmanuel[97]

97 *Pão nosso*, psicografia de Chico Xavier, pelo espírito Emmanuel, FEB.

O título deste capítulo que é um dito popular nos faz refletir, afinal, sabemos das nossas qualidades, mas também de nossas más tendências. E é quanto a essas que precisamos nos prevenir. Por exemplo, se estamos participando de um grupo para parar de beber, cuja evolução está acontecendo, mas com todas as dificuldades inerentes ao problema, então, sabendo disso, dessa recuperação lenta e dolorosa, iremos aceitar um convite para uma festa onde sabemos que irá ter bebida à vontade? Se ainda não possuímos o devido controle da doença, cabe a sensatez de recusar o convite já que não nos encontramos em condições plenas para tal evento. Isso é prevenir. Agora remediar seria aceitar o convite, ceder à bebida, perder o controle da situação e se deixar vencer pelo vício. O remédio da recuperação é amargo, tanto físico quanto moralmente.

Este foi apenas um exemplo que poderia ser levado para qualquer área de nossa vida. O remédio será sempre bem mais amargo do que a prevenção do problema.

E nós sabemos o que nos faz bem e o que nos faz mal - e como distingui-los?

O bem é tudo o que é conforme a lei de Deus, e o mal é tudo o que dela se afasta. Assim, fazer o bem é proceder de acordo com a lei de Deus. Fazer o mal é infringir essa lei.[98]

98 *O Livro dos Espíritos*, Allan Kardec, questão 630, FEB.

Dessa forma, sabemos quando estamos praticando o bem ou mal, principalmente prejudicando a nós mesmos. Por isso é muito importante evitar o que nos faz mal para que não precisemos de uma medicação tão amarga para corrigir os deslizes praticados.

Na poesia de Allan Dias Castro,[99] intitulada "O mar ensina", há um trecho que diz:

É preciso remar.
O mar ensina:
Paciência aos que têm pressa,
Equilíbrio aos que já caíram,
Mas não deixaram de remar.

Pelo grau de nossa evolução é inevitável a queda, que é inerente ao processo de evolução. O importante é continuar remando, mesmo que a maré esteja contra. Em algum momento, tudo passará e estaremos mais fortes depois da experiência vivida. Porém, quando perdemos o equilíbrio ou deixamos de remar, seremos surpreendidos pela dor e a paciência será uma virtude que precisará ser desenvolvida para aguardar a recuperação que pode levar algum tempo, aliás, o tempo pode ser visto como um remédio amargo, mas necessário para restabelecer as energias de um modo geral.

Se temos o "pavio curto", evitemos o atrito.
Se não conseguimos "segurar a língua",
policiemos as palavras que são ditas.
Se temos o hábito de julgar, avaliemos antes nossas condutas.

Enfim, prevenir é e será sempre a melhor opção para evitar males maiores. O que não precisamos nesta vida são maiores problemas, principalmente causados pela nossa prepotência e indisciplina.

---

99 *Voz ao verbo,* Allan Dias Castro, Sextante.

Verdadeiras corrigendas poderiam ser evitadas, como explica Emmanuel:[100]

> Por vezes, a repreensão generosa do Alto - símbolo de desvelado amor - atinge o campo do homem, traduzindo advertência sagrada e silenciosa, mas, na maioria das ocasiões, a mente encarnada repele o aguilhão salvador, mergulha dentro da noite da rebeldia, elimina possibilidades preciosas e qualifica de infortúnio insuportável a influência renovadora, destinada a clarear-lhe o escuro e triste caminho.

Então, podemos compreender o valor da prevenção e o remédio da correção. Podemos seguir pelo caminho de luz ou escolher outro mais turbulento e prejudicial a nós e àqueles que se encontram nesta caminhada conosco.

Emmanuel nos dá a esperança de dias melhores após a tempestade que provocamos:

> Vencida a tempestade íntima, revalorizam as oportunidades de aprender, servir e construir, e, fundamentados nas amargas experiências de ontem, aplicam as graças da vida superior, com vistas ao amanhã.[101]

Que possamos seguir mesmo que a passos lentos, mas seguros na direção do caminho de luz que Deus colocou à nossa frente. E que superemos as más tendências com o equilíbrio necessário para evitar maiores transtornos!

---

100 *Pão nosso*, psicografia de Chico Xavier, pelo espírito Emmanuel, FEB.

101 Livro citado.

O que diz o espiritismo?

Quando se te faça possível, distribui com os outros as vantagens da própria senda, espalhando pão e consolo, agasalho e alegria, reconforto e esperança, pois em verdade, diante da vida imperecível, em que todos os patrimônios pertencem a Deus, somente possuímos aquilo que damos, de vez que o reconhecimento e a simpatia são valores que traças e vermes jamais consomem.[102]

102 *Pronto-Socorro,* psicografia de Chico Xavier, pelo espírito Emmanuel, CEU.

– 25 –

A última fronteira

Vigiai na luta comum. Permanecei firmes na fé, ante a tempestade. Portai-vos varonilmente em todos os lances difíceis. Sede fortes na dor, para guardar-lhe a lição de luz. Para conquistarmos os valores substanciais da redenção, é imprescindível conservar a fortaleza de ânimo de quem confia no Senhor e em si mesmo.

Emmanuel[103]

103 *Fonte viva*, psicografia de Chico Xavier, pelo espírito Emmanuel, FEB.

Assim que começou a pandemia no Brasil, mais precisamente em março de 2020, quando todos estavam apavorados e ansiosos pelo que estava por vir, inclusive com o comércio fechando e as casas religiosas também, neste contexto, em meio ao caos, nós, do CELST - Centro Espírita Lar da Santíssima Trindade - em Taguatinga-DF, com a autorização da nossa presidente, Elizabete Magalhães (Betinha), criamos um pequeno grupo de trabalho que se sentiu motivado a levar aos moradores em situação de rua, alimentos: pão com carne, bolacha, miojo, água, suco, chocolate quente; além de roupas, cobertores, kits higiênicos (escova de dente, creme dental, sabonete), e outros utensílios como máscaras.

Esta atividade era toda quinta-feira, chegávamos às 17 horas no CELST, fazíamos o culto do Evangelho, depois iniciávamos a preparação. Saíamos às ruas por volta das 20h e retornávamos às 22h. Vale ressaltar que tanto o pão com carne quanto o suco e a água eram fluidificados, assim, eles receberiam tanto o alimento físico quanto o espiritual.

Tanto na preparação quanto no momento da entrega, tomávamos as precauções necessárias: usávamos máscaras, luvas descartáveis e álcool 70% nos veículos, entretanto, sabíamos que o risco de contágio era grande até porque saíamos em quatro carros também com quatro pessoas em cada um, ou seja, se um de nós estivesse com a covid - sem saber - poderíamos contagiar os demais. Porém, acreditem, nenhum de nós se contaminou nesse trabalho, que durou até o final de dezembro de 2020. A proteção espiritual que recebemos foi intensa e de muita luz.

Certa vez, enquanto fazíamos o atendimento aos irmãos em situação de rua, na praça do relógio, em Taguatinga-DF, um amigo espiritual me disse: "este trabalho é considerado a última fronteira". Depois entendi o que isso significava: era a linha divisória dos que decidiram trabalhar em meio à pandemia - levando um pouco de esperança, amor e dignidade - daqueles que decidiram se recolher em seus lares com receio do contágio.

Nesse trabalho, atendíamos aos dependentes químicos, homicidas, ex-presidiários, mas, também, trabalhadores autônomos, famílias, gestantes, idosos, crianças (algumas em condições delicadas), e também aos animais (cachorros, aos quais levávamos ração).

Os companheiros de jornada espírita que por algum motivo não podiam participar da atividade, contribuíam financeiramente para que pudéssemos ter os recursos necessários, a fim de atender essa comunidade carente e vulnerável.

E assim, conhecemos de perto a história de alguns deles. O porquê de estarem naquela situação. O que os motivava a viver. O que esperavam da vida. Qual o sentido da vida para eles. Dessa forma, pudemos ver que a grande maioria tinha muita fé em Deus, e tinha esperança em que dias melhores viriam. Outros se sentiam injustiçados e guardavam muita mágoa, rancor e ódio no coração. Para estes, tentávamos levar uma palavra de consolo e, por vezes, fazíamos uma oração para acalmar aquele coração aflito e rancoroso.

Era um trabalho intenso, recebíamos um suporte espiritual imensurável, que atendia tanto aos encarnados quanto aos desencarnados que se encontravam junto a eles.

Eu fico feliz de ter participado de um grupo de pessoas tão comprometidas, com um propósito de humanidade, confiantes em Deus, e sem medo de se contagiar pela covid. Fazer parte da "última fronteira" me fez refletir e entender que o sentido da vida é também ir além do medo, confiar em Deus, socorrer a quem precisa, fazer o bem, principalmente em meio ao caos, quando a maioria se recolheu.

Não estou escrevendo este texto para me vangloriar, muito pelo contrário, sou contra qualquer tipo de divulgação dos trabalhos assistenciais, principalmente nas redes sociais, contudo, o intuito é motivar ao trabalho, ainda que a tempestade esteja intensa e a maioria desistiu de remar.

É importante refletirmos, como Jesus ou qualquer outro espírito missionário agiria se estivesse em nosso lugar neste momento de pandemia. Iria se recolher ou trabalhar? Evidentemente que não somos espíritos missionários, mas eles são a nossa inspiração para o trabalho edificante e para a vida.

Vale ressaltar que todo trabalho deve ser feito com os devidos cuidados e atenção que a situação exigir.

Queremos terminar com uma mensagem singela do escritor De Lucca,[104] cujo texto tem tudo a ver com o desejo de servir àqueles que se encontram em situação de vulnerabilidade:

> Nossa família biológica é importante, mas não é a única. Pertencemos a uma família maior, que é a família humana. A criança sem alimento, escola e remédio, morando sob os viadutos, pertence à minha família humana. Dentro das minhas possibilidades, algo devo fazer, nem tanto por um sentimento de caridade, mas por um sentimento de humanidade. Bem que nós poderíamos expandir as paredes do nosso lar! Sair do nosso casulo, para ver que, além do aconchego da nossa família biológica, há irmãos que dormem ao relento, que comem sobras do lixo da nossa casa, que não possuem sequer um analgésico, e que, muitas vezes, nem nos templos religiosos são admitidos. Vivem como indigentes, e não como gente, mas são membros da nossa família! (...) O que tudo isso quer dizer? O que a lógica da reencarnação quer nos ensinar? Dentre outras coisas, que somos cidadãos planetários,

104 *Pensamentos que ajudam*, José Carlos De Lucca, Intelítera.

que nosso lar é o mundo inteiro, que as diferenças não nos separam, que precisamos viver com alteridade, isto é, com a capacidade de compreender as diferenças e conviver com elas, respeitando todo indivíduo como um ser humano, digno de amor e compreensão, porque, queiramos ou não, ele é nosso irmão.

O que diz o espiritismo?

A máxima – Fora da caridade não há salvação – consagra o princípio da igualdade perante Deus e da liberdade de consciência. Tendo-a por norma, todos os homens são irmãos e, qualquer que seja a maneira porque adorem o Criador, eles se estendem as mãos e oram uns pelos outros. (...) O espiritismo, de acordo com o Evangelho, admitindo a salvação para todos, independente de qualquer crença, contanto que a lei de Deus seja observada, não diz: Fora do espiritismo não há salvação; e, como não pretende ensinar ainda toda a verdade, também não diz: Fora da verdade não há salvação, pois que esta máxima separaria em lugar de unir e perpetuaria os antagonismos.[105]

105 *O Evangelho segundo o Espiritismo*, Allan Kardec, FEB.

– 26 –

A capacidade de se reinventar

A dor e o sofrimento podem
ser pedagógicos. Reinvente-se!
André Trigueiro[106]

106 *A força do um*, André Trigueiro, Infinda.

Em alguns momentos da vida, precisaremos desenvolver a capacidade de nos reinventar. O que isso significa? Expandir nossos potenciais, utilizar da criatividade, controlar as emoções, superar obstáculos utilizando talentos que possivelmente estavam adormecidos.

E por que isso acontece? A nossa vida é formada por ciclos. Em determinados momentos, entramos no automático, ou seja, fazemos as mesmas coisas diariamente, praticamente sem nada de novo, a não ser o tédio que se amplifica dia após dia. Sabemos intimamente que algo não vai bem, mas preferimos estar na zona de conforto a enfrentar a situação. Então, algo acontece para nos tirar dessa zona de conforto, e isso pode acontecer de várias maneiras: perda do emprego, um problema de saúde, desencarnação de um ente querido ou amigo, relacionamento que se rompeu de forma desgastante, prejuízo financeiro, traição de onde se menos esperava, em suma, tantas coisas podem nos acontecer para que deixemos o piloto automático e passemos a agir e reagir aos acontecimentos inesperados. Possivelmente, se não fossem pelas experiências que estamos experimentando, estaríamos vivendo uma vida medíocre, reclamando disso e daquilo, entretanto, sem motivação para mudar o que está nos afligindo.

Nesse contexto, quando a tempestade chega, sentimos que as coisas não estão bem, que tempos difíceis estão por vir, é a hora de reposicionar a vela de nosso barco para buscar outros ventos. Só que, aceitar a mudança, leva tempo, ou melhor, perdemos muito tempo tentando manter aquela vida de antes independentemente do vazio existencial que estávamos sentindo. Dessa forma, até que entendamos o que está se passando, literalmente, muita água já rolou, e por pouco não nos afogamos em lágrimas e lamúrias.

Às vezes, teremos que recomeçar em uma situação extremamente nova para nós. Desenvolver novas competências e relacionamentos serão necessários. O apego ao passado é o que pode ser mais prejudicial. Lamentar o que perdeu e não enxergar as oportunidades de crescimento pessoal, profissional e espiritual, é o que nos trava.

O que serve de consolo é que, inevitavelmente, todos nós iremos passar por isso diversas vezes nesta encarnação. O que diferencia não é o problema, mas o poder de reação de indivíduo para indivíduo. Enquanto alguns reagirão com mágoa e rancor, outros reagirão com gratidão e até bom humor. A vida poderá ser vista em tons de cinza ou colorida, dependendo da percepção de cada um.

Neste momento de pandemia, muitas pessoas precisaram, ao redor do mundo, reinventar-se, reposicionar a vela do seu barco para seguir viagem de forma diferente ou não imaginada, anteriormente.

André Trigueiro trata desse assunto dizendo que:

> O fato é que é muito difícil se reinventar. Somos apegados às rotinas, gostamos da previsibilidade, da estabilidade, de saber o que vai acontecer pela frente. Tudo isso é compreensível, mas esse sentimento afronta a natureza das coisas. Vida é movimento incessante, que se manifesta em todas as suas resoluções. Estamos imersos em um universo onde nada é estático, tudo é dinâmico e nos convida constantemente à ação.[107]

Naturalmente a vida nos convida a reagir porque nada é estático, entretanto, nem todos reagem com dinamismo, e acabam buscando caminhos, ou melhor, atalhos prejudiciais que acabam

107 Livro citado.

provocando uma angústia ainda maior. Outros acabam adoecendo, deixando que o vírus do orgulho e da vaidade consumam suas energias vitais.

Emmanuel nos traz a seguinte lição:

> Enche-te, pois, de calma e bom ânimo, em todas as situações. Foste colocado entre obstáculos mil de natureza estranha, para que, vencendo inibições fora de ti, aprendas a superar as tuas limitações.[108]

Quando entendermos que o processo de mudança é para o nosso bem, para que a nossa vida faça sentido e tenha sentido, então estaremos num estágio mais elevado de resignação, mas não aquela estática, e sim, com dinamismo, fé e esperança. Sabendo que tudo tem o seu tempo para acontecer. Tudo que acontece é para sairmos mais fortes espiritualmente e não esmorecidos ou constrangidos com o fracasso, aliás, o que seria de nossa evolução sem o aprendizado pelo fracasso?

Precisamos aprender com a dor, entender o que ela quer nos dizer. Uma grande amiga, Elizabete Magalhães (Betinha), costumava dizer para as pessoas: "ouve a sua amiga dor. Ouve a sua amiga tristeza". Com o intuito de fazê-las compreender o que estava se passando, e quais providências amorosas deveriam ser tomadas.

Portanto, que possamos aprender com nossas experiências e com a dos outros. Que sejamos gratos e humildes tanto na vitória quanto na derrota. Que estejamos sempre nos reinventando independente do momento vivido.

Que fique fixado em nossa mente este pensamento do Trigueiro:

> Tudo conspira em favor da vida. Mesmo quando nos sentimos apequenados, desalentados, desanimados,

---

108 *Fonte viva*, psicografia de Chico Xavier, pelo espírito Emmanuel, FEB.

prostrados, há embutido nessas experiências um convite à luz, à regeneração, à reconfiguração do nosso *software* existencial. Tudo o que acontecerá pela frente valerá a pena. A dor e o sofrimento podem ser pedagógicos. Reinvente-se![109]

O que diz o espiritismo?

Onde estiveres, recorda que Deus nos ama e guia sempre.

Em qualquer lugar, em que te vejas, decerto precisarás de alguém ou alguém, nesse mesmo local, estará necessitando de ti.[110]

109 Livro citado.

110 *Pronto-Socorro*, psicografia de Chico Xavier, pelo espírito Emmanuel, CEU.

– 27 –

Eu vou aterrissar no rio Hudson

Não digas que não pode trabalhar
em benefício dos outros.
Carlos Pastorino[111]

111 *Minuto de sabedoria*, Carlos Torres Pastorino, Vozes.

A gente, vez ou outra, assiste ou lê pelos noticiários, casos de desencarnação coletiva ocorrida por diversos motivos, principalmente em acidentes de avião. Entretanto, em 2009, vimos algo raríssimo acontecer. Após decolar do aeroporto de Nova York, uma revoada de pássaros atingiu as turbinas de um avião comercial, pilotado pelo experiente Chesley Burnett Sullenberger III - conhecido como "Sully". Apesar de a torre de comando informar que ele poderia aterrissar em outros dois aeroportos, em Nova York e Nova Jersey, Sully, com 40 anos de profissão, identificou que não havia mais tempo e nem altitude suficiente para levar o avião a qualquer um deles. Então, por intuição, como ele iria declarar depois, optou por fazer um pouso forçado no rio Hudson, de forma impecável, salvando a vida de 155 pessoas. Era inverno, a equipe de resgate chegou logo depois em barcos e helicópteros. Não tardou muito e a tragédia já estava em todos os noticiários do mundo. Sully era considerado o novo herói, e o pouso, um "milagre".

Eu fico pensando: qual seria o compromisso espiritual que Sully tinha com esses passageiros e tripulantes? Como teria sido o suporte espiritual que ele recebeu naquele momento? Quanto ele se preparou no plano espiritual e físico para este resgate?

Também fico pensando em todos que foram socorridos naquele dia, como será que aproveitaram a "segunda" chance que tiveram para continuar sua encarnação? Será que realizaram seu propósito de vida? E a perspectiva do sentido da vida, será que tiveram uma ótica diferente após essa "tragédia"?

Tudo isso são indagações, as respostas são de foro íntimo. É provável que tenham reagido de diversas formas, mas, possivelmente, com um olhar mais generoso para o mundo e para com Deus.

Mas por que estamos tocando nesse assunto? É que constantemente recebemos uma segunda chance para sermos pessoas melhores, mais cristãs. Às vezes, isso acontece de forma sutil, outras como um acontecimento "imprevisto", conforme esse caso específico.

Assim como Sully, em algum momento da vida, vamos precisar tomar uma decisão muito importante, literalmente "aterrissar no rio Hudson". Pode ser uma decisão que envolva somente a nossa vida ou pode envolver a de outras pessoas. Por isso, quanto mais em sintonia com o Mestre, mais possibilidades de êxito.

Aterrissar no rio Hudson de nossas vidas nunca será uma tarefa fácil. Alguns vão naufragar por imprudência, negligência, egoísmo, vaidade, prepotência, orgulho, arrogância. Entretanto, outros irão pousar de forma suave, sem truculência, com fé, humildade, resignação, gratidão e esperança.

Então, quando tiver que tomar uma decisão, busque na oração as coordenadas adequadas para que o seu plano de voo seja conforme o que o Mestre Jesus faria se estivesse em seu lugar.

Essa analogia será inevitável em nossas vidas. Que possamos ter uma aterrissagem plena e segura, jamais com medo.

Bom voo para nós rumo ao sentido da vida...

O que diz o espiritismo?

O caminho da elevação é feito de sinuosas ascendentes e descendentes, facultando a grande inclinada que leva ao topo através da linha que alcance cumes e baixadas, que caracterizam as experiências vitoriosas e as de treinamento.

Mantém-se saudável, espiritualmente, em todas as situações do trânsito carnal, cultivando a alegria sem receio das reflexões educativas que os denominados infortúnios proporcionam a todos os seres humanos.[112]

112 *Diretrizes para o êxito*, psicografia de Divaldo Pereira Franco, pelo espírito Joanna de Ângelis, LEAL.

– 28 –

Uma canção para Jesus

(Uma história que exemplifica o sentido da vida)

A música é uma lei moral. Dá alma ao universo,
asas ao pensamento, saída à imaginação, encanto à tristeza,
alegria e vida a todas as coisas.

Léon Denis[113]

---

113 *O espiritismo na arte,* Léon Denis, Autch Editora.

Natal de 2012

Anabel estava à frente de uma igreja robusta no centro de Glasgow, na Escócia.[114] Ela tinha um sonho: tocar piano naquela exuberante igreja destinada à elite daquela cidade. Algo praticamente impossível, já que a mulher morava no bairro pobre de Calton, localizado ao norte do rio Clyde e a leste do centro da cidade. Calton é considerado um dos piores lugares para se viver no mundo ocidental, onde a expectativa de vida de quem vive nesta área é de 53 anos. Esse lugar consegue bater recordes negativos de desemprego gerando problemas graves como a violência, o suicídio, as drogas, a depressão, o álcool, os maus hábitos alimentares, além de doenças diversas e graves como as cardiovasculares e a bronquite. Calton é considerado o esgoto, a escória de Glasgow. Os habitantes desse bairro não têm esperança de uma vida melhor ou mais humana.

Anabel era uma senhora negra, usava uma vestimenta esfarrapada, digna de piedade. Porém, com toda precariedade, possuía certo conhecimento musical adquirido com muito esforço num programa social promovido por uma ONG às clas-

---

114 N.A.: Para escrever sobre esta região, pesquisei dados e extraí trechos do artigo *Calton, capital da precariedade*, de Arjen van der Horst, em <https://a24news.blogs.sapo.pt/calton-capital-da-precariedade-181279>.

ses carentes. Mulher de fibra e também de muita fé, mantinha a convicção de um dia poder tocar uma canção para Jesus em sua casa celestial, a igreja.

Enquanto olhava aquela exuberante construção de séculos atrás, pessoas passavam por ela como se invisível fosse, devido à visão de flagelo dela em contraste com a beleza e arquitetura de Glasgow. A cidade estava em clima de Natal e o comércio local visualizava boas vendas naquele período.

Quando pensou em voltar para casa, notou que a porta da igreja se abrira. O padre saiu deixando-a semiaberta, possivelmente retornaria em breve. Naquele instante, Anabel se sentiu tentada a entrar na paróquia. Nunca teve a oportunidade de assistir uma missa ali, afinal, todas as vezes que tentou tal proeza, foi convidada a se retirar como se possuísse uma doença contagiosa.

Atravessou a rua. Antes de entrar na igreja, olhou para os lados a fim de verificar se não estava sendo observada. Adentrou o lugar e se emocionou com a beleza da igreja. Seu coração pulsava acelerado e emocionado. Observava as imagens, as pinturas, os vitrais, detalhes da vida do Cristo. Caminhava lentamente pelo corredor central passando a mão nos bancos de madeira. Ao chegar ao altar, ajoelhou.

– Eu vim te visitar Jesus! – sorriu singela para o Cristo.

Por um instante pensou sentir a presença dele ao seu lado. Deixou algumas lágrimas emocionadas descerem pela sua face marcada pelo tempo.

– Eu sempre quis vir aqui falar com o Senhor, mas nunca me deixaram entrar. Disseram que eu não era digna por ser pobre e morar num lugar tão miserável. Mas sempre mantive a minha fé e sei que somos todos filhos do mesmo Pai, independente da classe social, credo ou cor. Eu sei que a tua casa é no céu, mas este templo religioso sempre me chamou a atenção e sempre quis estar perto do Senhor como estou agora – baixou os olhos e fez uma prece com fervor pedindo por todos os miseráveis da humanidade e, principalmente, de Calton.

Ao terminar, visualizou um piano num espaço destinado à música paroquial. Caminhou vagarosamente até o piano. Abriu-o com muito cuidado. Passou as mãos pelos teclados, nunca havia estado perto de um instrumento tão primoroso. Sentou-se à sua frente. Olhou para os lados, não havia ninguém, o padre ainda não voltara. Pensou em tocar, mas teve receio. Olhou para a imagem do Cristo na cruz. Neste instante, sentiu-se motivada a tocar para ele. Fechou os olhos e iniciou uma canção, aprendida há pouco tempo, intitulada *Jardim das estrelas*, de Kenio Fuke. Aquela melodia ressoava pelo ambiente trazendo muita paz, talvez aquela igreja nunca tivesse uma apresentação tão sublime e divina como aquela, afinal, o amor que emanava de Anabel era simplesmente inacreditável. Qualquer pessoa que pudesse enxergar a expressão da mulher ao tocar para Jesus poderia compreender a grandeza daquele concerto. E foi com esta emoção esplêndida que viu Jesus à sua frente, pensou em parar, mas ele pediu: "Continue tocando, sua música é um bálsamo para os enfermos". Ela continuou...

Naquele instante, o padre abriu as portas da igreja para que os paroquianos pudessem entrar para assistir à missa, porém, assustou-se ao ver aquela maltrapilha abusada tocando o precioso piano da igreja. Algumas pessoas que chegavam para a missa também se depararam com aquela cena inusitada. Acharam um absurdo a ousadia da mulher. Caminharam a passos largos para o altar...

– O que pensa que está fazendo? – indagou irritado o padre Bruce.

– Tocando para Jesus – respondeu a mulher mantendo o ritmo da canção.

Neste instante chegou Wallace, um dos músicos da igreja, ficou admirado observando a mulher tocar.

– Pare imediatamente ou vou chamar a polícia! – gritou o sacerdote.

Anabel olhou para Jesus. Ele sorriu singelo para ela...

Quando a mulher foi retribuir o carinho, assustou-se com a

aproximação de dois homens, caiu da cadeira batendo a cabeça no chão ficando desacordada.

O padre correu em sua direção para socorrer.

- Ela está morta? - indagou Wallace.

- Acho que sim - respondeu Bruce estarrecido.

* * *

Uma sobrevivente

Antigamente, Calton foi próspera, animada e com muitas indústrias, porém, em meados dos anos de 1970 a 1980, houve a desindustrialização na região levando seus habitantes ao caos. Se não fossem os apoios sociais que atendiam metade da população deste bairro, a situação seria ainda pior.

Se Calton é o esgoto, Marie Trust é a tampa. Neste centro de acolhimento para os sem-abrigo chegam ao fim do dia os restos humanos que vagueiam durante o dia entre ruas e átrios a oeste de Glasgow. A cidade tem mais de dez mil sem-abrigo, uma boa parte dos quais em Calton e arredores. Nestes últimos tempos, Marie Trust está cada vez mais superlotada. E o poder público reduziu sensivelmente os subsídios a essa população carente e vulnerável.

É neste lugar miserável que Anabel vive há muitos anos, colecionando histórias de pavor e perda de entes queridos e amigos, neste mundo cão que se tornou Calton. A lei de sobrevivência é vista de duas formas: a primeira é a solidariedade que é partilhada pela minoria. A segunda; e mais cruel, são os impiedosos, são hostis e tentam sobreviver de forma violenta e ultrajante.

Anabel perdeu seu marido, Ronald, para o álcool - companheiro fiel e fulminante para aqueles que aderem a este tipo de vício. Vivendo de migalhas há tanto tempo, nunca perdeu a fé e nem a esperança. Mantinha a Bíblia sempre consigo, sua leitura periódica fortalecia seu espírito. Frequentava regularmente as missas da igreja do bairro e sempre agradecia pela sobrevivência de mais um dia. Enquanto isso, pessoas sem fé ou esperança, entravam de cabeça no vício ou tiravam a própria vida buscando a doce ilusão do consolo, porém, a realidade no plano espiritual é bem diferente para quem pratica o suicídio.

Vivia ao relento. Só conseguia descansar seu corpo num colchão quando conseguia uma vaga no albergue de Marie Trust. Porém, há algum tempo deixou de frequentar esse abrigo, pois acreditava que pessoas mais necessitadas do que ela precisavam de uma cama. Ela estava fisicamente no fundo do poço, mas espiritualmente às alturas. E com esta determinação espiritual, ajudava tantos quanto pudesse, seja levando ao hospital público, à igreja, à escola, ao albergue ou até mesmo ajudando a enterrar os mortos. Repartia o pouco que tinha com os mais miseráveis e muitas vezes passou fome por ter dado o único pedaço de pão a uma criança faminta.

Ultimamente, Anabel estava com a saúde bastante debilitada. Não conseguia se tratar adequadamente e vez ou outra era internada no hospital público de Calton. Dessa forma, intimamente, sentia que suas forças estavam pouco a pouco se exaurindo. Não conseguia caminhar por muito tempo sem se sentir cansada, sem fôlego. Acreditava que seu fim estava próximo...

Talvez não tenha palavras para descrever Anabel, devido à tamanha grandeza de espírito num lugar tão deplorável. Ela era uma sobrevivente do descaso do poder público, mas nunca reclamou de qualquer omissão. Era assim que ela sobrevivia...

* * *

O contraste de Glasgow

A cidade de Glasgow é maravilhosa, contrastando com a precariedade de Calton. Originalmente, seu povoado foi formado no século VI. É a maior cidade da Escócia e a terceira mais populosa do Reino Unido. Com construções modernas e também arquitetura histórica e tradições seculares, cuja elegância dos prédios residenciais chama a atenção pelos detalhes. Glasgow se destaca como um ponto turístico cercado por um cenário cultural de todos os tipos, além de uma atmosfera agitada e intensa. Os *pubs* da cidade também são famosos por sua culinária. O rio Clyde passa no meio da cidade e oferece uma paisagem espetacular. Os parques da cidade também são destaque em especial o Glasgow Green.

Anabel vez ou outra visitava Glasgow em busca de migalhas, mas sempre se espantava com a arquitetura da cidade e podia ficar horas olhando o estilo medieval de algumas construções. Mas, a que mais lhe chamava a atenção, era a igreja do centro da cidade cujo fascínio exercido na sua alma era indescritível. Do lado de fora, ouvia atenta o sermão do padre e também as músicas que eram tocadas e cantadas. Ao término da missa, voltava para casa com o sentimento de felicidade, mas também de frustração por não poder entrar na casa material de Jesus. Alimentava o desejo de um dia poder assistir à missa nem que fosse na última fileira, mas pensava também em tocar para ele. Um sonho que parecia tão distante quanto imaginar que um dia Calton sairia da precariedade.

Com a saúde fragilizada, durante meses ficou sem visitar a catedral. Aquilo a deixou bastante triste. Almejava visitar Jesus pelo menos pela última vez, ali, onde sempre o visitou, mas nunca a deixaram entrar.

* * *

O professor

Quando Anabel esteve internada pela última vez, recebeu a visita de Douglas, seu professor de piano. Ela lembrava com carinho a primeira vez que o viu em Calton. Ele chegou com um projeto audacioso de uma ONG para socializar a comunidade através da música. A intenção era tirar as crianças da rua e ensiná-las a tocar algum instrumento musical. O projeto acabou se estendendo aos adultos e, Anabel foi uma de suas alunas mais aplicadas.

As aulas eram ministradas semanalmente no antigo teatro em ruínas do bairro. Os instrumentos eram simples, alguns inclusive com defeito, mas em condições de emitir algumas melodias.

O professor visualizou em Anabel a possibilidade de aprender a tocar piano. E foi com muita paciência que ensinou àquela pobre mulher a tirar a primeira melodia naquele piano velho e desafinado. Ela tomou gosto pela música e se dedicou tanto para aprender como também para "fugir" daquele lugar miserável. Era como se, por algumas horas, ela vivesse num paraíso distante, bem longe de Calton.

Anabel sempre teve planos de tocar para Jesus, mas queria uma música especial. Ao contar ao professor o seu objetivo, o homem ficou pensativo, sabia que realmente era um sonho tocar para ele na catedral, mas Douglas não podia tirar as esperanças daquela mulher sofrida, afinal, esperança e fé eram o que a mantinha vibrante. Então, escolheu uma canção que admirava – *Jardim das estrelas*, de Kenio Fuke. Quando a tocou pela primeira vez para Anabel, ela chorou emocionada. E foi com muita determinação que a mulher se dedicou a aprender aquela canção.

Certa vez, Anabel encontrou um piano de brinquedo no meio do lixo espalhado pelo bairro. O objeto faltava uma tecla, mas estava em condições de tirar algumas notas musicais. Assim, ela passou a treinar diariamente naquele piano precário e, à noite, quando dormia ao relento juntamente com outros maltrapilhos, tocava a canção *Jardim das estrelas*, mantendo no coração sofrido daquelas pessoas um pouco de esperança. Elas dormiam ouvindo aquela melodia e, pelo menos naquele instante, se sentiam as pessoas mais felizes do mundo. Anabel olhava a face de cada uma e sabia que através da música Jesus atingia o coração daquelas almas atormentadas. Ela tinha certeza disso, e assim tocava todas as noites e, cada vez mais surgiam criaturas querendo ouvi-la, para sentirem, por alguns instantes, um pouco de paz.

Era um piano de brinquedo, sem uma tecla, mas o sentimento emanado por Anabel era infinitamente maior que qualquer obstáculo físico. Se os indivíduos ali presentes tivessem a mediunidade da vidência, poderiam presenciar a sublimidade de entidades angelicais participando daquele concerto que poderia ser classificado, sem sombra de dúvidas, como um dos mais bonitos da face da Terra.

– Professor, voltarei às aulas quando eu sair deste hospital – disse Anabel.

– Estarei aguardando-a, aliás, todos estão sentindo a sua falta. Você é uma pessoa especial. Acredito que em todos estes anos trabalhando junto às pessoas carentes, nunca conheci alguém de coração tão bom quanto o seu.

– É gentileza do senhor. No mundo, existem muitas criaturas caridosas...

– Existe um provérbio chinês que diz "podemos escolher o que semear, mas somos obrigados a colher aquilo que plantamos". A grande maioria da humanidade sofre porque, ou plantou sementes ruins, ou porque nada semeou.

Anabel ficou pensativa refletindo sobre as palavras do professor. Ela o admirava, pois era um intelectual que fazia questão de compartilhar seus ensinamentos com os demais. Então, sentiu-se motivada a indagar:

– Por que vivemos aqui em Calton em extrema miséria?

O homem pensou por um instante, depois recorreu a outro provérbio:

– Quem quer colher rosas, deve suportar os espinhos.

– O senhor então quer dizer que...

– Nada assenta melhor ao corpo que o crescimento do espírito – respondeu com mais um provérbio.

Então, de pensamento em pensamento, o professor de música levava seus conhecimentos da mesma forma que Jesus ensinava por parábolas. Através de frases curtas, porém, de profundo conteúdo moral, de uma cultura milenar, tão verdadeira para os dias atuais.

E foi com a leitura da Bíblia e dos provérbios explanados pelo professor Douglas, que Anabel adquiriu muito conhecimento e colocou-os em prática, compartilhando com outras pessoas tanto pela pregação, quanto pelo exemplo próprio. Entendendo que "jamais deve se desesperar em meio às mais sombrias aflições de sua vida, pois das nuvens mais negras cai água límpida e fecunda".

* * *

Os animais

Anabel sempre teve um carinho pelos animais, principalmente cães e gatos. Sensibilizava-se com a situação dos bichinhos em Calton, afinal, vagavam para um lado e outro em busca de alimento, revirando o lixo para comer os restos. Sempre que podia, alimentava-os com o pouco que possuía, por várias vezes, cedeu sua única iguaria para os irmãozinhos de quatro patas. E quando nada tinha, revirava o lixo em busca de alimento para aqueles seres desprotegidos e famintos. Eles sabiam que ela era de coração bom e recompensavam o seu carinho protegendo-a dos malfeitores que vez ou outra tentavam roubar o pouco que ela possuía. De todos os animais, Ringo, um cão de raça ignorada, mas de porte e dentes grandes, era o mais fiel. Acompanhava Anabel aonde ela fosse e era conhecido como o seu guarda-costas.

Certa vez, quando Anabel desmaiou na rua, pois estava fraca sem se alimentar direito há dias, Ringo buscou ajuda por meio de latidos a pessoas próximas que a socorreram, e chamaram a ambulância que a levou ao hospital público. Durante todo o trajeto, o animal acompanhou a ambulância, ficando do lado de fora do hospital enquanto Anabel recebia o tratamento devido. Após dois dias, ela recebeu alta e quando saiu, lá estava o amigo fiel aguardando-a. Foi um encontro que emocionou os enfermeiros e transeuntes que passavam pelo local.

Assim era Anabel, uma mulher de fibra, querida por grande parte da comunidade de Calton e pelos animais.

* * *

O fim de uma jornada

O enterro de Anabel foi cercado de comoção, afinal a mulher era querida por muitos e deixaria saudades naqueles que conviveram com ela durante anos naquela miséria. Não teriam mais o seu consolo e nem a música tocada em um piano de brinquedo.

E foi neste velório cercado de gente simples que padre Bruce e Wallace presenciaram a grandeza daquele ser. Ouviram das pessoas, as histórias de "Anabel, a benfeitora", como também era conhecida. Descobriram que ela tinha um sonho de tocar para Jesus na catedral. Sonho que se realizou, apesar do incidente. Padre Bruce sentia-se culpado pela morte da mulher. Não imaginava que um ser, aparentemente tão insignificante fisicamente, poderia possuir tamanha grandeza de alma. O padre deixou algumas lágrimas rolarem pelo rosto.

O professor Douglas se aproximou do caixão.

– Sentirei saudades de minha aluna mais aplicada – comentou.

Para sua lápide, ele escreveu o seguinte provérbio chinês: *A luz não vem ao mundo para zombar das trevas e sim para iluminá-las.*

Ao lado do caixão, podia-se ouvir um choro agudo, era Ringo. Naquele dia, ele não estava com Anabel, saíra com outros animais em busca de alimento como regularmente faziam. Porém, o sentimento de perda era grande, tanto para aquele cão quanto para os demais animais que a benfeitora ajudava a cuidar. Eles estavam tristes... Muito tristes!

No momento em que o caixão baixou à cova, uma salva de palmas podia ser ouvida à distância devido à quantidade de pessoas ali presentes. Talvez Calton nunca tivesse um enterro tão expressivo como aquele.

O encontro de Jesus com Anabel no plano espiritual foi empolgante, afinal, ela fazia parte daquela estirpe de espíritos de Luz. Jesus a abraçou com carinho.

– Eles vão ficar bem? – indagou Anabel.

– Todos ali têm um resgate a fazer. Você os ajudou bastante deixando um legado para reflexão e prática. Eles estão sendo assistidos e auxiliados, mas respeitamos o livre-arbítrio de cada um.

– A evolução vai depender do esforço individual deles, não é?

– Sim, o acaso não existe, então, ninguém sofre sem necessidade. A Terra é o cadinho para burilar o espírito rebelde ou em aprendizado.

– Vou sentir falta deles...

– Você continuará ajudando-os do plano espiritual.

A mulher podia ver, numa tela tridimensional, o seu enterro.

– Ringo está tão triste...

– Todos eles estão, mas sua missão havia terminado. Outros missionários já estão ajudando-os, ninguém ficará desamparado.

A mulher fechou os olhos e fez uma oração para aqueles que ficaram em Calton. A vibração que ela emanava era sublime, digna de espírito divino. Ao retornar da prece, visualizou um piano.

– Posso tocar para o Senhor mais uma vez?

Jesus sorriu.

Anabel sentou-se ao piano. Começou a tocar a canção *Jardim das estrelas*. Aquela melodia ressoava por todo o ambiente astral se estendendo a Calton. As pessoas em seu enterro por um instante sentiram aquela música ecoar na atmosfera. Muitas delas se emocionaram...

Em breve todos voltariam ao cotidiano miserável de Calton, entretanto, existia algo que ninguém poderia tirar daquelas pessoas: o sentimento de ter convivido com uma pessoa iluminada como Anabel. Ela jamais seria esquecida e sempre que uma alma sofredora necessitasse de socorro, Anabel estaria ali, juntamente com outras entidades de Luz para socorrê-las, inclusive aos animais.

O que diz o espiritismo?

Os teus são compromissos com a decisão feliz de servir a Jesus e seguir-lhe o exemplo quanto te seja factível.

(...) Não desfaleças e insiste. Um dia, quando o anjo da libertação te romper as algemas carnais e te desvinculares do corpo, constatarás que a tua foi a decisão certa, a de servir ao Senhor da Vida e não a de te deixares consumir nas alucinações da existência física.[115]

115 *Fonte de luz*, psicografia de Divaldo Pereira Franco, pelo espírito Joanna de Ângelis, Minas Editora.

Sobre o Autor

Marco Tulio Michalick

É empresário, escritor e palestrante. Tem mais de uma centena de artigos publicados em periódicos espíritas: *Revista Cristã de Espiritismo, Revista Internacional de Espiritismo, Espiritismo & Ciência, Revista Caminho Espiritual.*

Entre seus livros publicados, estão:

Pronto para vencer sem medo de tentar (2003), editora DPL.
Em busca da evolução (2008), editora All Print.
Coragem, esperança e fé (2011), Mythos Editora.
Seu legado para o mundo (2014), Mythos Editora.
O vidente - Memórias de um peregrino (2015), Mythos Editora.

Participou do programa "Como conheci o espiritismo", episódio 2, produzido pela TV CEI/FEB.

É casado com Zeneida, tem duas filhas, Pâmela e Ana Paula, e uma netinha, Isabela. É natural de Belo Horizonte, mas, desde 1996, está morando em Brasília. Nasceu em 1965, e entrou para a doutrina espírita quando tinha doze anos. É trabalhador assíduo no movimento espírita e faz parte da diretoria do CELST - Centro Espírita Lar da Santíssima Trindade - em Taguatinga-DF.

VOCÊ PRECISA CONHECER:

Aconteceu na Galileia - O despertar (vol. 1)

Claudia Ayres de Almeida • Pedro (espírito)
Romance mediúnico • 16x23 cm • 352 pp.

Dividido em dois volumes, *Aconteceu na Galileia* dá vida e voz aos diversos personagens encontrados no Novo Testamento. Centrado na figura de Marta, este primeiro narra os fatos acontecidos aos discípulos e seguidores do Mestre, dando ênfase aos casos mais relevantes relatados pelos evangelistas.

Aconteceu na Galileia - O Nazareno (vol. 2)

Claudia Ayres de Almeida • Pedro (espírito)
Romance mediúnico • 16x23 cm • 304 pp.

Emocionante do começo ao fim, neste segundo volume de *Aconteceu na Galileia* continuaremos acompanhando o grupo de personagens que começa sua caminhada nesse planeta no tempo de Jesus. O ponto culminante é o episódio da mulher adúltera e a grande lição que nos foi transmitida.

Das coisas que ouvi e senti de Jesus

Ana Paula Vecchi • Natanael (espírito)
Romance mediúnico • 14x21 cm • 200 pp.

Através da psicografia de Ana Paula Vecchi, histórias nos serão contadas por Natanael e, através delas, também nós assistiremos às pregações de Cristo, despertando aquilo que há de melhor em nós, enchendo nosso coração de esperança, nutrindo um grande desejo de seguir seus passos e de nos transformar em novas criaturas através da prática da solidariedade.

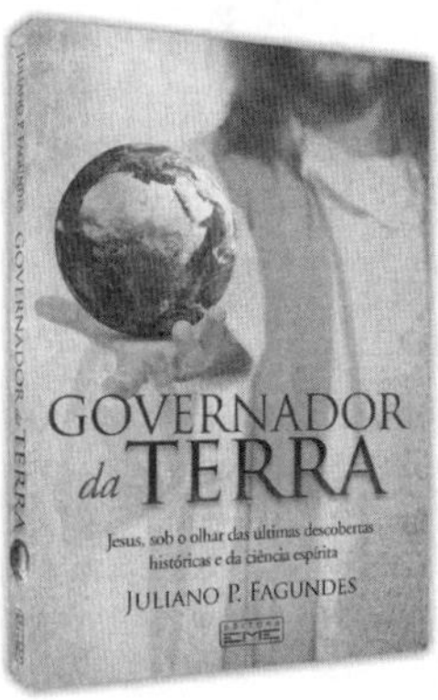

Governador da Terra

Juliano P. Fagundes
Estudo • 14x21 cm • 256 pp.

Estudo aprofundado sobre as últimas revelações trazidas por cientistas, pesquisadores, historiadores, arqueólogos e os Espíritos Superiores sobre a vida, a obra e o contexto do mundo em que viveu o Mestre Nazareno.

VOCÊ PRECISA CONHECER:

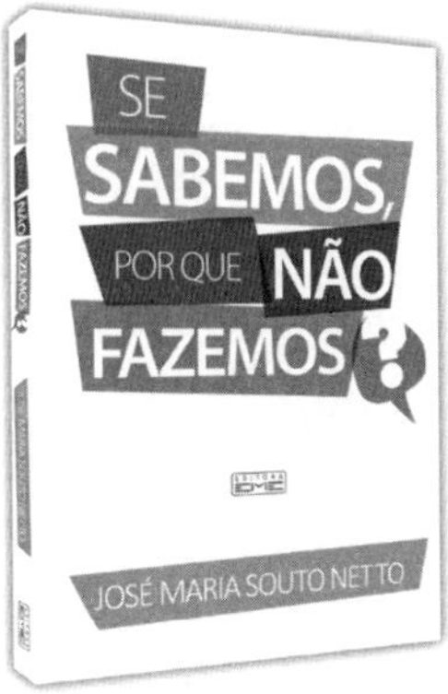

Se sabemos, por que não fazemos?
José Maria Souto Netto
Autoajuda • 14x21 cm • 160 pp.

O autor se debruça sobre as lições do espiritismo e do evangelho de Jesus para oferecer algumas reflexões, propor atitudes que nos ajudem na prática, que deve ser simples e natural, e para demonstrar que todos podem avançar do conhecimento para a vivência, sair da ignorância para a atitude.

Reencarnação - questão de lógica
Américo Domingos Nunes Filho
Estudo • 16x22,5 • 320 pp.

Este livro vem esmiuçar o tema reencarnação, provando em vários aspectos a sua realidade. Américo Domingos Nunes Filho realizou um estudo criterioso e muito bem embasado nos textos bíblicos, em experimentos científicos, nos depoimentos de estudiosos de diversas áreas do conhecimento humano, constituindo-se numa obra que não comporta contestação por sua clareza e veracidade.

Afinal, por que adoecemos?
Ricardo Sallum
Autoajuda • 14x21 cm • 144 pp.

De forma envolvente, Ricardo Sallum vai respondendo às seguintes questões, sem ditar normas ou regras: será que as doenças são "castigos divinos"? Quantas enfermidades não passam de estados vibratórios da mente em desequilíbrio? Será que a dor é ainda um mal necessário?

VOCÊ PRECISA CONHECER:

A vingança do judeu

Vera Kryzhanovskaia • J. W. Rochester (espírito)
Romance mediúnico • 16x22,5 cm • 424 pp.

O clássico romance de Rochester agora pela EME, com nova tradução, retrata em cativante história de amor e ódio, os terríveis fatos causados pelos preconceitos de raça, classe social e fortuna e mostra ao leitor a influência benéfica exercida pelo espiritismo sobre a sociedade.

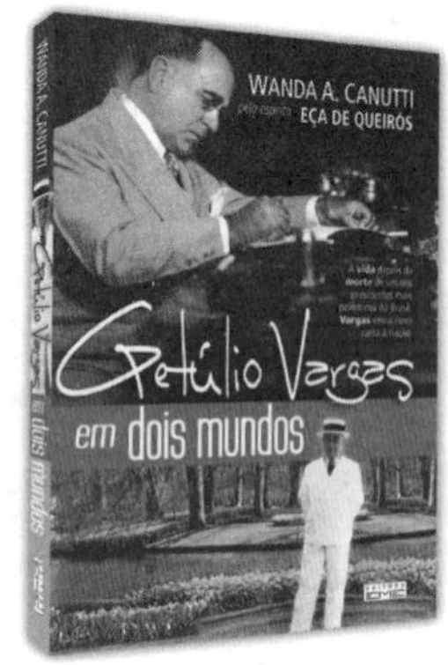

Getúlio Vargas em dois mundos

Wanda A. Canutti • Eça de Queirós (espírito)
Romance mediúnico • 16x22,5 cm • 344 pp.

Getúlio Vargas realmente suicidou-se? Como foi sua recepção no mundo espiritual? Qual o conteúdo da nova carta à nação, escrita após sua desencarnação? Saiba as respostas para estas e outras perguntas, agora em uma nova edição, com nova capa, novo formato e novo projeto gráfico.

O valor terapêutico do perdão

Francisco Cajazeiras
Estudo • 14x21 cm • 128 pp.

Este livro demonstra que a proposta de Jesus para o perdão incondicional não se restringe apenas à ordem ético-religiosa, não direciona suas investidas unicamente no terreno filosófico, mas abrange todas as áreas do conhecimento humano. O objetivo do médico Cajazeiras na obra é o de aliar os avanços da pesquisa científica à ação de perdoar, compondo-se assim uma espécie de terapêutica, apropriada à nossa saúde não apenas espiritual ou social, mas também mental e orgânica.

Não encontrando os livros da **EME** na livraria de sua preferência,
solicite o endereço de nosso distribuidor mais próximo de você através de
Fones: (19) 3491-7000 / 3491-5449
(claro) 9 9317-2800 (vivo) 9 9983-2575
E-mail: vendas@editoraeme.com.br – Site: www.editoraeme.com.br